시간을 만드는 기술

시간을 만드는 기술

초판 1쇄 인쇄 | 2019년 06월 25일
초판 1쇄 발행 | 2019년 07월 01일
펴낸곳 | 도서출판 새희망
펴낸이 | 이석형
디자인 | 디자인 감7
등록번호 | 제2016-000004호
주소 | 경기도 의정부시 송현로 82번길 49
전화 | 02-923-6718 **팩스** | 02-923-6719
E-mail | stonebrother@daum.net

ISBN 979-11-88069-10-1 03300

값 14,500원

시간을 만드는 기술

Time Management

박지현 엮음

새희망

| 차례 |

CHAPTER **2** 매일매일의 업무

CHAPTER **3** 일의 정리 방법

CHAPTER **4** 일을 진전시키는 요령

CHAPTER **5** 기분 전환법

CHAPTER **6** 인생관과 습관

"

하루 24시간을
어떻게 사용할 것인가?

"

하루 24시간을 어떻게 사용할 것인가?

빈부귀천 남녀노소 구별 없이 가장 공평하게

만인에게 주어지는 것은 하루 24시간의 시간이며,

게다가 당신은 내일의 시간을 오늘 사용할 수 없고

어제의 시간을 다시 되돌릴 수도 없다.

당신의 인생은 단지 오늘이라는 하루의 24시간을

얼마나 유용하게 사용하는가에 달렸다.

그러나 세상에는 이 귀중한 24시간을

20시간밖에 사용하지 않는

사람이 있는가 하면

25시간이나 26시간으로 사용하는 사람도 있다.

하루는
1,440분이다

누구에게나 하루는 24시간, 1,440분이다. 예외는 없다.

언뜻 보면 누구나 같은 패턴으로 하루를 생활하는 것처럼 보이지만, 24시간이라는 한정된 시간을 어떻게 사용하는가는 천차만별이다. 남자나 여자나, 부자나 가난한 자나, 젊은이나 노인이나 하루 24시간을 살아야 한다. 부자가 돈을 주고 시간을 살 수도 없고, 젊은이가 창창한 젊은 날을 헌납하고 시간을 살 수도 없다. 작가 아놀드 베네트는 일찍이 이렇게 말하였다.

"시간의 세계에서는 부자와 빈자가 따로 없습니다. 당신이 시간이라는 귀중품을 멋대로 낭비한다고 해도 시간의 할당이 줄어드는 건 아닙니다. 시간은 어디에서 빌려오거나 누군가에게 빌려줄 수 있는 것도 아닙니다. 단지 각자에게 주어진 지금 이 순간을 사용할 수 있을 뿐입니다. 내일이라는 날을 오늘 사용할 수도 없고, 오늘을 아껴 두었다가 내일 사용할 수도 없습니다. 내일은 내일을 위해, 오늘은 오늘을 위해 존재할 뿐입니다."

지금까지 하루 24시간을 어떻게 사용해 왔는지 한번 되돌아보자. 아마 8시간은 잠으로 보냈을 것이다. 또 같은 8시간을 그날의 노동으로 소비했을 것이다. 그리고 나머지 8시간은 세 끼 식사와 출퇴근, 일, 독서, 운동, 잡담, 인터넷 검색, 공상 등 자신의 선택에 맡겼을 것이다. 이 세 번째의 8시간을 어떻게 사용하느냐에 따라서 여유있게 하루를 보낼 수도 있고, 쫓기듯이 생활할 수도 있다. 여러분의 삶의 질을 결정하는 것도 이 세 번째의 8시간이다.

만일 여러분이 지금까지와는 다르게, 하루에 60분 혹은 그 이상의 시간을 교묘히 짜낼 수 있다면 인생에 새로운 길을 여는 것이 가능하다. 보너스로 획득한 그 시간은 다른 사람에게 분배할 수도 있고 자신을 개발하기 위한 시간으로 사용하는 것도 가능하다. 시간을 어떻게 분배하고 활용하느냐가 가족이나 친구들과의 관계, 자기계발의 정도, 재테크, 사회에의 기여 등 삶의 질을 규정하는 것이다.

목표를
명확히 하라

　　시간 활용법의 설명에 들어가기 전에 대체 왜 여러분이 시간의 활용법을 알려고 하는지를 명확히 해두었으면 한다. 즉, 절약과 효율적인 습관을 통해 확보한 그 시간을 활용해 무엇을 하고 싶은지 목표를 확실히 하는 것이 급선무이다.

　　현실에서는 모처럼 많은 시간을 확보한다고 해도 아무 계획 없이 낭비해 버리는 일이 많다. 여러분이 하고 싶다고 생각하는 일들은 실제로 부딪혀 보면 하나하나 처리해야 될 일이 많아서 예상 밖으로 시간이 소요되기도 하니 말이다. 물론 어디서부터 어떻게 손을 대야 좋을지 몰라 본래 충만해 있던 의욕마저 잃게 되는 경우도 있다.

어떻게 하면 여분의
시간을 획득할 수 있을까

앞에서 언급했듯이 누구에게나 공평하게 주어진 하루 24시간을 마음대로 늘릴 수는 없다. 그렇다면 하루 24시간에서 매일 60분 혹은 그 이상의 시간을 여분으로 획득한다는 말은 대체 무슨 의미일까?

그것은 눈 깜짝할 사이에 흘러가는 1초라도 효과적으로 사용하여 시간을 낭비하지 않도록 노력하는 것을 의미한다. 같은 시간이라도 소홀하게 보내는 것과 자신의 것으로 만들어서 유용하게 사용하는 것과는 상당한 차이가 있는 것이다.

『일에 성공하는 비결』의 저자인 도널드 A. 레이어드 박사는 이렇게 말하고 있다.

"우리들은 1톤의 쇳덩어리를 운반하는 방법을 연구하는 데에

막대한 에너지를 사용하고, 자신의 차를 능숙하게 타고 돌아다니는 데에 계속 신경을 쓰며, 전등을 밝게 하기 위해서는 반사경의 사용법을 연구하지만, 우리들 자신의 가치를 높이거나 삶의 질을 향상시키거나 하는 것에 관해서는 전혀 시간과 머리를 사용하려고 들지 않는다."

하지만 지금 시간 관리가 서툴다거나 하는 것 없이 보내는 시간이 많다고 걱정할 것은 없다. 시간을 확보하는 요령을 익히기만 하면, 다음부터는 짧은 시간에 일을 능숙하게 처리하고 더 많은 여유 시간을 확보해 가는 자신을 발견할 것이기 때문이다.

여분의 시간은
마법의 시간이다

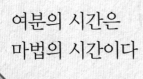

　만일 하루에 한 시간씩 여분의 시간을 확보한다면, 1주일이면 7시간, 1년이면 365시간을 얻는 것이 된다. 그것은 15일하고도 5시간이라는 특별한 시간이다. 그 15일은 하루하루 시간 관리를 잘 하여 얻게 된 보너스이고, 1년 365일을 초과하여 부수적으로 얻게 된 마법의 시간인 것이다. 이 기간은 자기 자신의 발전을 위하여 유용하게 사용할 수도 있고, 또 타인을 위하여 사용할 수도 있다. 장거리 여행, 집중적인 학습, 자원봉사 등 덤으로 생긴 15일간 할 수 있는 일들은 무궁무진하다.

시간은
분 · 초의 축적

　시간은 끊임없이 흘러가고 있다. 그러나 흘러가는 시간 중에서 낭비되는 시간을 계속 찾아내어 그것을 긁어모으고, 촌음이라도 아껴 저축하면 여분의 시간을 만들 수 있다.

　시간을 크게 절약한다는 생각은 버려라. 그 대신 단지 20분, 혹은 10분이라는 극히 사소한 시간의 절약에 주의를 집중하라.

　시간을 획득하는 데 있어 여러분이 우선 염두에 두어야 할 것은, 일을 짧은 시간에 처리하되 노력은 될 수 있는 한 적게 하는 것이다. 그러기 위해서는 일을 손쉽게 하기 위한 자신만의 비법을 항상 연구하며 적용해야 한다. 낭비를 줄이고 촌음을 아끼는 방법으로 일을 하면 그다지 일이 힘들지도 않고 자신이 원하는 것을 할 수 있는 시간이 생기게 된다.

우선은 잠자는 시간 이외의 시간, 즉 기본적인 시간을 많이 확보하자. 그것은 일찍 자고 일찍 일어나기를 통해 가능해진다. 밤에 TV를 시청하는 시간을 줄여 일찍 잠자리에 들어 보라. 일찍 일어나면 그만큼 하루를 일찍 시작할 수 있다. 게다가 기상부터 아침식사가 시작되기 전까지의 시간은 온전히 자신만의 시간이 될 것이다.

그리고 업무시간 중에 쓸데없이 낭비하는 시간이 있을 것이다. 이를 파악하여 줄이거나 없애도록 하라. 항상 낭비되는 시간대에 일상적으로 해야 하는 가벼운 일들을 끼워넣는 것도 시간을 확보하는 좋은 방법이다.

시간 사용을 위한
예산서를 만들자

꼼꼼한 예산안에 따라 불필요한 낭비를 억제하는 노력을 기울이면 갖고 싶었던 비싼 물건을 사거나 여행을 할 수 있다. 하루의 시간을 사용하는 데에도 돈을 사용하는 것과 마찬가지로 치밀하게 계획하고 실천한다면 여러분은 반드시 멋지고 행복한 생활을 즐길 수 있다. 이러한 방법들은 당신이 지고 있는 무겁고 어수선한 짐을 덜어 주고, 대신 자유와 여가를 줄 것이다.

시간을 절약하고, 효율적으로 사용하는 방법은 너무나 다양하다. 그 모든 방법은 누구에게나 즉시 통용될 수도 있지만 그렇지 않은 것도 있을 것이다. 자신에게 맞는 시간 절약법, 능률을 올리는 비법들, 좋은 습관들은 자신만의 열정을 쏟아 찾아야 한다. 좋은 습관이 많으면 많을수록 성공으로 가는 길은 빠르고 넓어진다.

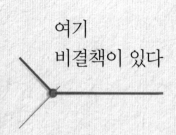

여기
비결책이 있다

이 책은 일종의 비결책이다. 그러므로 되풀이해서 창의와 연구를 하기 위한 서적이고, 한 번 읽고 내던져 버려도 좋은 그런 책과는 엄연히 구별된다.

각 페이지에서 여러 사람들의 사례와 아이디어를 많이 발견할수가 있다. 이것들은 모든 경우에 합당한 일반 법칙이라기보다는많은 사람들이 자신의 삶에 적용함으로써 성공적인 삶을 사는 데도움이 되었던 경험들이다. 그러므로 자신의 조건이나 생활습관,기질, 성격, 업무 형태, 계획 등에 맞추어 적용하고 응용해 볼 수있다.

여기에 소개된 많은 아이디어와 지침들이 성공을 향해 나아가는 여러분의 자기관리 프로그램에 꼭 활용되기를 바란다.

성공 목표를 정하는 4가지 원칙

1. 목표는 뚜렷하고 야심차게 설정한다.
2. 목표는 구체적이고 도전적으로 설정한다.
3. 목표는 긍정문으로 설정한다.
4. 목표는 현재형으로 설정한다.

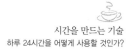

무엇을 하든지, 어디서 어떻게 생활하든지
하루를 시작하는 방법은 오직 한 가지 뿐이다.
눈을 뜨는 것이다.
하지만 가정에서, 사무실에서, 공장에서,
가게에서, 어느 만큼 일할 수 있는가,
사람을 만나 기분좋은 태도를
취할 수 있는가 없는가,
하루종일 기분이 좋은가 나쁜가,
이러한 모든 것을 결정하는 것은
그날 출발의 방법에 달려있다.

CHAPTER

1

기상

01

벌떡 일어나기

라디오나 텔레비전에 자주 나오는 방송인 아사 고트프리는 이렇게 말했다.

"훨씬 이전에 나는 어떤 경우라도 하루에 20분 내지 50분을 확보하는 방법을 배웠습니다. 아침에 눈을 뜨면 바로 벌떡 일어나는 겁니다. 눈을 뜨고서도 잠자리에서 꾸물대고 있으면 아무리 늦지 않겠다고 다짐해도 반드시 늦어지게 됩니다. 그뿐 아니라 그 후의 일도 모두 잘 되지 않습니다. 아침에 눈을 뜨면 이불을 젖히고 벌떡 일어나는 습관을 기르는 것이 여유 있는 시간을 갖기 위한 최초의 행동입니다."

사교계 스타이자 작가인 엘리자 막스웰은 또 이렇게 말했다.

"나는 아침에 일어나는 데 꾸물거리는 일은 결코 하지 않습니다. 전날 밤 아무리 늦게 잠자리에 들었더라도 아침에는 아이가 크리스마스의 아침을 기다리듯이, 그리고 숲으로 소풍갈 약속이나 생일 파티를 맞는 그 때같이 활기차게 벌떡 일어납니다. 이것은 남녀노소를 막론하고 어느 누구에게나 극히 효과적인 방법입니다. 이 방법을 실행하면 나중에 허둥대거나 괴롭거나 하지 않게 됩니다. 아침부터 시간 낭비를 하는 맥 빠진 경험을 하지 않게 되는 것이지요."

샘 자체도 목마른 법이다.
The fountains themselves are athirst.

– 키케로

02

기분좋게 기상하는 방법

누구나 기분좋게 기상하기 위한 여러 가지 궁리를 할 것이다. 에머슨 라디오·텔레비전 회사의 사장인 벤 아브라함은 다음과 같은 기상 방법을 권장하고 있다.

자기 전에 알람 기능을 갖춘 라디오를 침대 옆에 놓아둔다. 대개 이른 아침의 FM방송은 상쾌하고 기분좋은 음악으로 편성되는데다가 간밤의 뉴스, 아침의 기상정보 및 교통정보까지 제공한다. 이렇게 라디오를 이용하면 설령 몇 분간 더 잠자리에 있어도 우리의 뇌는 이미 아침을 맞을 준비를 하고 있는 것이다.

하지만 가장 기분좋게 기상하기 위한 전제는 숙면이다. 충분한 수면을 취하지 않았다면 기분좋은 기상은 어렵다. 숙면을 하기 위해서는 낮에 적당한 활동이 있어야 하고, 밤에는 많이 먹지 않아야 하며, 잠자리는 쾌적해야 한다. 이런 상태로 일찍 자고 일찍 일어나는 습관을 갖게 되면 누가 억지로 깨우지 않아도 저절로 눈이 떠진다.

일찍 자고 일찍 일어나는 습관을 몸에 익히기까지는 몇 개월 정도의 시간을 필요로 한다. 그러므로 처음부터 무리하지 말고, 취침시간과 기상시간을 서서히 조절해야 한다. 완전히 습관이 들 때까지는 일찍 자기 위한 노력과 일찍 일어나기 위한 노력을 게을리하지 않는다.

우리는 살기 위해 먹고, 먹기 위해 살아야 한다.
We must eat to live and live to eat.
- H. 필딩

03

긍정적인 마음가짐으로 하루를 시작하라!

유명한 버나드 T. 잼벨이 말한 것을 들어보자.

"나는 우선 아침에 눈을 뜨면 그날에 해야만 하는 일 중 가장 즐겁고 유쾌한 일에 관하여 생각해 봅니다. 만일 싫은 일이 맨 먼저 떠올라 잠자리에서 일어나고 싶지 않은 경우라도 이 방법을 시도하면 즉시 기상하려고 하는 의욕과 에너지가 생깁니다."

아침에 일어나 의식적으로 긍정적인 사고를 하지 않으면 대부분의 경우에는 그날의 걱정과 전날의 실수 등에 다시 사로잡힌다. 그러한 부정적인 마음은 하루 내내 자신을 지배하고, 생활에 영향을 미치게 된다. 태어나서 지금까지 그렇게 형성된 부정적인 사고의 습관을 하루 아침에 바꾸기란 쉽지 않다. 성공은 긍정적이고 의욕적인 마음에서 비롯되는 것이므로, 성공적인 인생을 살고 싶다면, 긍정적인 성격으로 여러분 자신을 바꿔갈 필요가 있는 것이다.

긍정적인 마음가짐으로 하루를 시작하는 방법 몇 가지를 예로 들면, 다음과 같다.

① 기상과 함께 따뜻한 차를 마신다.
② 기상과 함께 경쾌한 음악을 듣는다.
③ 기상과 함께 성공한 사람들의 예화를 읽는다.
④ 기상과 함께 아침 산책 혹은 달리기를 한다.
⑤ 기상과 함께 하루를 계획하거나, 긍정적인 암시를 하는 일기를 쓴다.

위 다섯 가지는 새벽에 시간을 배분하여 모두 하는 것이 가능하다. 잊지 말아야 할 것은 긍정적인 마음으로 하루를 시작하라는 것이다.

행동보다 말은 쉽다.
Easier said than done.
– 리비우스

04

성공을 암시하는 일기, 아침에 써라

여러분들은 어려서부터 일기는 밤에 쓰는 것으로 배웠을 것이다. 하루 중에 있었던 인상 깊었던 일들을 기록하고 감상을 적는 식으로 말이다. 그러나 대부분의 사람들이 이미 경험했겠지만, 밤에 쓰는 일기에는 후회와 반성을 주로 적게 된다. 그로 인해 우울한 기분으로 잠자리에 들거나, 잠을 자도 깊이 못 자는 경우가 많다. 이제는 방법을 바꿔 아침에 일기를 써 보자.

아침에 일어나 하루 전에 있었던 일을 돌아보면, 이미 그 당시의 감정은 누그러져 보다 냉정하고 객관적으로 평가할 수 있게 된다. 반성, 기쁨, 감동 등의 감정들을 뛰어넘어 이후의 계획과 결심이 서게 되는 것이다. 하루를 어떻게 살아야겠다는 다짐과 무엇을 실천해야겠다는 계획까지도 일기에 적다 보면 훨씬 짜임새 있는 인생을 살 수 있다.

05

일과 전의 새벽

작가 톰 마호니는 이런 말을 한 적이 있다.

"하루를 보다 길게 사용하는 모든 방법 중에서 최상의 방법은 밤 시간에서 두세 시간을 훔치는 것이다."

사람마다 이 실험을 여러 가지 방법으로 해볼 수 있을 것이다.

『선장은 아내를 놀라게 한다』 등 많은 작품을 쓴 윌리엄 J. 데라 중령은 다음과 같은 방법으로 이것을 실행하고 있다. 그는 먼저 오전 4시에 기상해서 8시까지 집필했다면서 다음과 같이 설명하고 있다.

"나는 새벽에 일어나 두세 잔의 뜨거운 차나 스프를 마시고 그리고 아침 샤워를 한 후 글을 썼습니다. 바빠서 아무것도 할 수 없다는 것은 게으름뱅이의 변명이지요."

기상 후 아침식사 전까지는 자기 자신에게 집중할 수 있는 시간이다. 업무가 끝난 후 자기계발을 위해 시간을 내는 경우가 많지만, 모임이나 예상치 못한 일들이 생기면 계획은 종종 어긋나버린다. 하지만 새벽에는 그런 일들이 거의 없다. 모임이나 약속은 물론이거니와 복잡한 집안 일에서도 자유로울 수 있는 시간이다. 그러므로 새벽 시간을 잡을 것을 권한다.

아름다운 깃털이 아름다운 새를 만든다.
The fair feathers still make fair fowls.
- J. 데이비스

꿈을 이루는 7가지 습관

1. '나는 할 수 있다'고 항상 다짐한다.

2. 목표를 항상 구체적인 문장으로 적는다.

3. 항상 긍정적으로 말한다.

4. 대가를 지불하겠다는 각오를 한다.

5. 낙심하거나 포기하지 않는다.

6. 모든 일에 감사한다.

7. 꿈을 크게 가진다.

06

업무는 조금 빨리 시작하라

상원의원인 마가렛 C. 스미스 여사는 하루 중에서 최상의 시간을 얻기 위한 또 하나의 방법을 가르쳐 주고 있다.

"나는 예전에 평상시 습관보다 반 시간 빨리 일을 시작한 적이 있었습니다. 그때 아침 9시 전에 일을 하면 일과 중에 하는 것보다 2배나 능률이 있다는 것을 발견했습니다. 그 이후부터는 이른 아침 시간은 되도록 특별한 일에 사용하는 것이 보다 효과적으로 시간을 활용하는 방법이라 생각하게 되었습니다."

기상부터 출근까지 허둥지둥 서둘다 보면 오전 시간이 어떻게 지나갔는지도 모르게 점심시간이 되어 버린다. 점심식사 후 부터는 식곤증과 피곤함, 업무에 대한 스트레스로 인해 능률도 오르지 않는다. 결국 일에 끌려다니고 치이다가 퇴근을 하고 그 피로감은 가정까지 이어지는 것이다. 지금까지의 생활이 이렇게 반복되었다면, 이제는 바꿔 보자.

정해진 시간보다 10분만 일찍 출근해도 하루종일 여유로움을 느낄 것이다. 15분 일찍 출근하면 늘 반복되던 업무를 보다 능률적으로 처리하는 방법들을 발견하게 될 것이다. 30분 일찍 출근하면 말단 사원에서부터 경영자에 이르기까지 새로운 업무를 기획할 수 있을 것이다. 하지만 일단 10분 일찍 출근하기를 시도해 보라.

옷이 순수한 여자가 가장 아름답고 가장 잘 차린 여자다.

Fairest and best adorned is she whose clothing is humility.

– J. 몽고메리

07

출근 준비를 빨리 하는 요령

아침에 눈을 뜨고 곧바로 벌떡 일어났어도 우리들이 시간을 낭비하게 되는 것은 세수를 하고 화장을 하는 장소가 지나치게 어수선하기 때문일 수도 있다. 하루 중에서 가장 바쁜 시간대에 시간을 낭비할 수밖에 없다는 것은 안타까운 일이다. 이 때 무엇이 시간을 빼앗는 원인인가를 주의깊게 검토해 보면 해결책이 보인다.

세면부터 화장, 옷 갈아입기까지의 동선은 짧을수록 좋다. 우선, 세면을 할 때 사용하는 비누나 샴푸, 면도기나 쉐이브로션이 항상 일정한 장소에 있어야 한다. 그 장소가 손 닿기 쉬운 곳인지, 사용하는 순서에 적합하게 정리되어 있는지도 함께 살펴볼 일이다. 세면장과 화장을 하는 장소가 떨어져 있으면 그만큼 시간이 낭비된다. 될 수 있으면 세면을 마친 장소에서 머리를 말리고, 화장도 하는 것이 시간을 절약하는 요령이다. 세면 후 피부에 물기가 남아 있을 때 기초화장을 해 두는 것은 피부에도 좋다. 기초화장을 마친 후 즉시 옷을 갈아입을 수 있도록 준비가 되어 있으면 더 훌륭하다. 세수를 한 후 이곳 저곳 돌아다니면서 머리를 말리거나 화장을 하고 옷을 갈아입는 것만큼 시간을 빼앗는 것도 없으니 말이다.

담배는 사랑의 무덤이다.
Tobacco is tomb of love.
- B. 디즈레일리

08

이미지는 만들어가는 것이다

　시간을 절약하여 자신의 능력을 개발하고 맡은 바 업무에 성실을 다한다 해도, 그 사람의 외모가 반듯하지 못하고 깔끔하지 않으면 좋은 인상을 주기 어렵다. 헤어 스타일이든 패션이든 자신의 이미지를 좋게 하는 데 도움이 되도록 하자.

　우리는 자라면서 외모로 사람을 평가하는 것은 나쁜 일이라고 배워 왔지만, 그것은 생김새에 국한되는 것이다. 코가 낮다거나 눈이 작다거나 하는 것으로 사람을 평가하지 말라는 것이다. 하지만 인상이나 이미지는 다르다. 그것은 만들어지는 것이기 때문이다. 항상 찡그리는 얼굴과 항상 웃는 얼굴 중 어느 얼굴이 더 많은 호감을 얻을지는 물어보나 마나이다. 깨끗한 옷을 단정하게 입은 사람과 지저분한 옷을 대충 걸치듯이 입은 사람 중에 누구의 첫인상이 더 좋을지 역시 마찬가지이다.

외모가 깔끔하고 세련되어서 손해볼 일은 없다. 단지, 너무 외모에 신경을 쓰다가 매번 지각을 한다거나 할 일을 못하게 되는 일이 없도록 해야 한다. 입을 옷을 미리 세탁하여 준비해두는 정도만으로도 이미지 관리는 향상될 것이다.

항상 최고를 누리고, 남보다 뛰어나라.
Always to be best, and distinguished above the rest.
- 호메로스

09

때와 장소에 맞춰 입어라

멋지고 화려한 옷을 입고 초상집이나 장례식장에 가는 일은 피해야 한다. 그와 마찬가지로 티셔츠와 청바지를 입고 결혼식장에 가는 것 또한 신랑 신부를 축복하는 예의가 아니다. 예절은 마음에서 우러나온다고 한다. 때와 장소에 맞는 적절한 옷차림과 행동은 마음을 표현해 주는 첫 번째 도구이다.

관혼상제뿐만 아니라 일상적인 업무를 할 때, 여러 사람 앞에서 기획서를 설명할 때, 거래처와 상담을 할 때 등 상황을 고려하여 무난한 옷차림을 하도록 신경을 쓰는 것도 중요한 자기관리 요령이다.

말 잘 하는 6가지 습관

1. 다른 사람의 말을 주의깊게 듣는다.

2. 말하기 전에 말한 결과를 미리 예측해 본다.

3. 말하기 전에 두 번 생각한다.

4. 말하는 내용에 자신감을 가져야 한다.

5. 화제를 풍부히 하기 위해 꾸준히 학습한다.

6. 여유있는 태도로 말한다.

10

시간 및 공간을 절약하는 수납

적절하고 짜임새있는 수납은 단지 공간을 절약하는 효과만 있는 것이 아니다. 앞서 언급한 것처럼 세면도구를 사용 순서에 따라 정리하는 것은 시간 절약을 위한 것이다. 물건을 용도별로 모아 함께 수납하고 사용 순서대로 수납하면 우선 시간이 절약된다.

이 때 수납 공간이 부족하면 공간을 절약하는 수납법을 궁리해야 한다. 선반을 달거나 고리를 부착해 두는 것, 공간 활용 박스를 비치하는 것이 그 예다. 가족 각자의 전용 서랍이나 선반을 만들어 각자가 취향에 맞게 정리하도록 한다면 물건을 찾는 데 걸리는 시간도 절약할 수 있을 뿐 아니라, 자기 물건은 자기가 정리하는 독립심도 기르게 되는 것이다.

이러한 생활습관을 들이는 것은 남녀노소를 구분하지 말고 시도할 일이다. 자신만의 수납 공간을 확보하고 자신만의 스타일로 정리하여 공간 및 시간을 절약한다면, 가족 각자가 절약하는 시간도 상당할 것이다.

과일을 얻으려는 자는 과일 나무에 올라가야 한다.
He that would have the fruit must climb the tree.

\- T. 풀러

11

취향에 맞는 정리 방법을 찾아라

　몸치장을 잘 하기로 유명한 로널드 코르만의 옷장 정리법은 간단하다.

　그는 자신의 윗옷 종류를 짙은 색에서 옅은 색의 순서로 바르게 정리해 놓고, 바지도 윗옷에 이어 단정하게 그 순서로 배열해 걸어 놓는다. 그 한 벌을 꺼내면 제자리에 다시 걸어 놓을 때까지 양복걸이는 그대로 놔둔다. 넥타이도 마찬가지로 넥타이 걸이에 반듯이 정리해 걸어둔다. 갈색 계통의 구두는 한쪽 선반에 놓고, 검은색 계통의 구두는 다른 선반에 나란히 놓는다. 셔츠도 색깔별로 정돈해 둔다. 색깔별로 옷을 정리하는 것은 정말 기발한 아이디어다.

　또 이런 수납 방법도 있다. 예를 들면 속옷과 와이셔츠, 바지를 별도로 정리하는 것보다는 함께 정리하는 것이다. 속옷과 양말은 옷걸이 맨 밑바닥에 바구니나 박스를 두고, 칸을 나눠 하나씩 담는다. 그렇게 하면 속옷을 입고 바로 와이셔츠와 바지를 입을 수 있기 때문이다. 와이셔츠 걸이 옆에 넥타이 걸이를 두면 와이셔츠를 입고 바지를 입은 후 바로 넥타이를 맬 수 있다. 그리고 마지막으로 양말을 꺼내 신는다. 어떤가. 빠르지 않은가.

자연은 결코 우리를 속이지 않는다.
우리 자신을 속이는 것은 언제나 우리다.
Nature never deceives us,
it is always we who deceive ourselves.
– J. 루소

12

상자를 이용하자

　미국 일류의 실업가이자 트럭회사 사장인 로이플 하우프는 바쁜 아침 시간의 문제를 해결하기 위해 특별한 방법을 사용하고 있다. 그는 옷 서랍장 위에 두 개의 플라스틱 상자를 놓아둔다. 그리고 잠들기 전에 이 안에 지갑이나 자동차 열쇠, 커프스 단추, 넥타이 핀, 컬러 단추 등을 넣어둔다. 그것들은 그 상자에 의해 자동적으로 구별되고 정돈된다. 그러니까 아침에 그것들을 찾는 데 필요로 하는, 적어도 5분간은 매일 절약하는 셈이다.

　같은 목적으로 다음과 같은 방법도 있다. 어느 가게에서나 살 수 있는 칸막이 선반을 장롱에 만들어 붙이는 것이다. 이것은 지갑이나 시계, 명함, 장신구 등을 넣어두는 데 편리하다. 칸막이는 그다지 복잡하지 않은 것일수록 좋다.

13

이름표를 달아 주자

특별한 물건을 간수하는 데에 다음과 같은 방법을 한 번 시도해보자. 자주 사용하지 않는 물건은 위쪽 선반에 넣어둔다.

그리고 상자 속에 무엇이 들어 있는지 이름표를 붙여둔다. 계절에 맞지 않는 것은 다른 상자에 넣어둔다. 상자 한 쪽에는 겨울 물건의 리스트를 붙여두고, 다른 한 쪽에는 여름 물건의 리스트를 붙여두면 하나의 상자를 이중으로 사용할 수 있다. 이렇게 하면 상자안에 무엇이 들어 있는지 몰라 상자를 다 열어 본다거나 하는 수고를 생략할 수 있다. 더불어 많은 시간이 절약될 것이다.

14

주머니나 핸드백도 정리정돈이 필요하다

여러분은 매일 어떤 것을 몸에 지니고 있는가? 그것들을 위해 얼마나 많은 시간을 쓸데없이 보내고 있는가를 생각해 본 적이 있는가?

메모지와 명함을 어수선하게 집어넣은 주머니와 잡다한 물건들로 복잡한 핸드백이야말로 여러분들의 시간을 빼앗는 주범이다. 안이 보이지 않는다고 해서 정리하지 않고 뭔가를 계속 넣기만 한다면 필요한 것을 제 때에 사용할 수가 없다. 주머니와 핸드백을 정리하는 데 불과 몇 분간만 할애하면 몇 배의 시간을 절약하게 될 것이다.

15

여유를 갖고 아침식사를 하는 방법

유감스럽게도 우리들 대부분이 허둥대면서 먹는 식사는 바로 아침식사이다. 맛있게 아침식사를 할 수가 있다면 그 하루는 정말 모든 일이 순조롭게 잘 될 것이다. 목장을 경영하고 있는 마가렛 라드킨 부인은 여유있는 아침식사를 위해 다음과 같은 방법을 실천하고 있다.

① 부엌 도구는 식사의 흐름에 따라 정리해 둔다.

하나의 식기 선반에 커피를, 다른 식기 선반에 커피잔을, 또 다른 하나의 서랍에 스푼을 따로 넣어 두는 게 아니라 아침 식사에 필요한 것은 모두 한 곳에 정리하여 둔다.

② 식사 준비 전에 먼저 순서를 생각한다.

차를 마시려면 물을 먼저 끓이기 시작하고, 토스터에는 빵을 넣어 둔다. 그리고는 미리 준비해 둔 샐러드용 과일과 채소를 꺼내어 드레싱을 한다. 토스터에서 튀어오른 빵을 접시에 담고, 끓는 물로는 차를 준비하면 그것으로 식사 준비는 끝나는 것이다.

③ 여유있게 식사한다.

저녁식사 설거지가 끝난 후에 식탁 위에 다음 날 아침식사의 그릇을 준비해 두면 아침에 허둥대지 않아도 된다. 가능하다면 아침에 먹을 식사도 전날 밤에 준비해 둔다. 식사를 할 때는 식탁의 큰 그릇에다 음식을 담아 놓으면 가족들은 제각기 자기 그릇에 덜어 먹는다. 이렇게 하면 식탁과 부엌을 바쁘게 왔다갔다 하는 시간을 절약할 수 있다. 또 아침에 신문을 읽는 시간을 아끼고 싶다면 소형 라디오를 식탁에 놓으면 된다.

16

아침식사로 권할 만한 음식

아침식사로는 밥(현미밥이나 잡곡밥 등)에 김치, 된장국, 달걀,
나물 한 가지, 과일 한쪽 정도면 훌륭하다. 건강한 아침 식탁의 첫
번째 원칙은 탄수화물, 단백질, 비타민이 풍부하되 지방이 적은 음
식을 올리는 것이다. 밥이 번거로우면 야채, 삶은 달걀, 닭가슴살
을 넣은 샌드위치도 좋다. 아침식사로 한 가지 과일만 먹으면 왠지
너무 허전하고, 단백질을 섭취할 수 없다는 것이 문제다. 이때는
우유나 두유를 마셔 단백질을 보충하도록 한다.

또 한 가지 염두에 둘 것은, 아침식사로는 소화가 잘 되고 부드
러운 음식을 준비하는 것이다. 너무 기름지거나 딱딱하거나 혹은
너무 찬 음식은 아침식사로는 적합하지 않다.

아침식사를 꼭 해야 하는 7가지 이유

1. 두뇌 활동에 필요한 포도당을 공급한다.
2. 음식을 씹는 운동을 통해 잠자고 있는 뇌를 깨운다.
3. 위 운동이 시작됨으로써 신진대사가 활발해진다.
4. 오랜 공복에 의한 위 기능 저하와 소화기 질환 발생을 막는다.
5. 점심식사 전의 간식이나 점심식사 때의 폭식을 막아 비만을 예방한다.
6. 혈당의 갑작스러운 변화를 막아 췌장의 부담을 덜어 준다.

7. 성장기 어린이나 노인의 경우 영양 불균형을 해소
  한다.

아침에 일어나 몸치장을 하고, 아침을 먹고,

가장 노력을 집중해야 하는

하루 일과에 들어간다.

이 장에서는 하루 일과의 모든 것에

적용하는 아이디어를 소개하겠다.

이 아이디어는 당신의 일을 보다 능숙하게,

그리고 단시간에 할 수 있도록 도와줄 것이다.

그리고 극히 한정된 시간에

이것저것 많은 일을 해야 한다는

압박감을 해소하고

스스로 전진할 기회를 줄 것이다.

CHAPTER

2

매일매일의 업무

17

일터와 주거지의 관계

만일 여러분이 매일 직장에 출근한다고 하면 직장 근처에 산다 거나 또는 살고 있는 집(장소) 근처에서 직장을 구하는 것이 시간 상 가장 큰 절약의 하나가 될 것이다. 통근 거리가 먼 것은 의외로 부담스러운 일이다. 물론 사정이야 다양할 것이다.

『인생은 40부터』라는 책을 비롯해 훌륭한 저서를 30권이나 집 필해서 그 명성이 세상에 알려진 월터 B. 피트킨은, 자기의 성공은 자신의 생애 동안 늘 직장에 걸어서 다닐 수 있었던 점에 크게 힘 입었다고 말하고 있다.

그는 아침에 일어나 식사를 한 후, 보통 사람들이 통근으로 소 비하는 그 시간을, 자신이 전부터 하고 싶어했던 글 쓰는 일에 유 용히 사용했던 것이다.

18

통근을 할 때 무엇을 탈 것인가

일터와 주거지가 가까우면 좋겠지만 여러가지 이유, 특히 경제적 이유로 그렇지 못한 경우가 많다. 그렇다면 통근시간을 활용하여 시간을 절약하여야 한다. 그러기 위해서는 교통수단의 선택과 출발시간의 선택이 중요하다.

출퇴근을 위한 교통수단을 자유롭게 선택할 수 있다면 버스나 전철 등 대중교통을 이용하고, 가급적이면 갈아타지 않아도 되는 교통수단을 선택한다.

출발시간의 선택은 너무 혼잡한 상황을 피하기 위해서 중요하다. 출근시간이 그저 혼잡함을 견디는 지겨운 시간이 되어서는 제대로 활용할 수 없기 때문이다. 보통의 경우 30분 정도만 일찍 출발해도 훨씬 쾌적하게 출근할 수 있는 경우가 많다.

19

통근시간의 활용법

교통수단과 출발시간을 선택하였으면 출근시간에 무엇을 할 것인지 계획하고 준비해야 한다. 부족한 독서를 보충하는 시간이라면 책을 구매해야 하고 하루일과를 구체적으로 계획하는 시간이라면 필요한 필기도구 등을 준비해야 한다. 창밖을 바라보며 머리속에서 나만의 아이디어 회의를 연다면 굉장히 창의적인 시간이 될 수 있다 하지만 아무런 계획이 없다면 출근시간은 무의식적으로 스마트폰만 보다가 몸만 더 피곤하게 만들게 될 것이다.

20

일을 단순화 하는 기본

　업무를 더 빨리, 더 간단하게 처리할 수는 없을까. 쓸데없는 과정을 거치거나 불필요한 절차가 있는 것은 아닌지. 왜 그렇게 어려운 방법으로 해야 하는 것일까? 등등. 일을 단순화하려는 노력과 실천이야말로 하루 24시간에서 여분의 시간을 확보하는 중요한 비결의 하나이다.

　그것은 하나의 기술일 뿐만 아니라 생활철학이다. 거의 모든 일이나 활동에 적용할 수 있다. 그러나 일의 단순화는 근본적으로 자신이 하지 않으면 안 되는 일을 세부적으로 정확하게 알고 나서 시작하여야 한다. 그리고 그 기초 위에 서서 낭비를 줄이고 고쳐나가면 되는 것이다.

　어떤 부분의 일에도 시간과 노력의 낭비 요소는 남아 있다. 소위 자동화되어 있는 일도 낭비가 심한데 하물며 우리들 일상생활에서의 낭비는 말할 여지도 없다.

굶주림은 요리사를 책망하지 않는다.

Hunger finds no fault with the cook.

– C. H. 스퍼전

행복해지는 7가지 요령

1. 실패한 일은 과감히 잊는다.

2. 실수나 단점에 집착하지 않는다.

3. 걱정보다는 대안을 모색한다.

4. 효과적인 기분 전환법을 알아 둔다.

5. 자기 자신을 격려하고 칭찬한다.

6. 다른 사람과 자신을 비교하지 않는다.

7. 꿈을 이루기 위한 구체적인 계획과 기한을 정한다.

21

능률이 최고조에 달하는 시간대

"오늘 아침 같으면 마치 하늘을 나는 대포알 같아서 어떤 일이라도 30분 내에 할 수 있을 것 같다."

만일 이런 기분이라면 순조롭게 일이 진행되고 상당히 효과적으로 일을 하게 된다. 그런데 이것은 대체 심리적인 것일까, 아니면 실제로 그런 것일까 하고 고개를 갸우뚱거릴 것이다.

이것은 좋은 날, 나쁜 날이 있는 것과 마찬가지로 좋은 시간과 나쁜 시간이 있다는 것을 의미한다. 대부분은 심리적 작용에 의한 것이지만 같은 조건하에서도 어느 시간에는 능률이 현저하게 오르고 또 다른 시간에는 내려가는 것이다.

시카고 대학의 심리학자이자 수면에 관한 전문가인 나타니엘 클라이트만 박사는 이렇게 주장한다. 우리들이 아침에 일의 능률이 오르는 것은 대부분 거의가 그 사람의 체온과 밀접한 관계가 있다고 말이다. 건강한 사람의 평소 체온은 36.5도 정도이지만, 하루에 세 번 정도는 체온이 오르내린다는 것이다.

그 변화는 ― 자고 있는 동안은 낮고, 눈을 떴을 때는 높은 ― 소위 신진대사작용, 즉 신체가 산소를 태우는(말하자면 신체라는 난로에 불을 태우는) 복잡한 과정을 반영하고 있는 것이다. 체온의 높고 낮음이 일의 능률이나 정신의 긴장, 행복한 느낌의 변화에 일치하고 있다.

바보는 방황하고, 현명한 사람은 여행한다.
The fool wanders, the wise man travels.
― T. 풀러

22

컨디션 조절을 위해 노력한다

아침에 일어나 컨디션을 조절한다는 것은 체온을 높인다는 의미이다. 체온을 높여 신진대사를 활발하게 함으로써 우리의 몸은 활동할 준비를 하는 것이다.

체온을 높이는 방법은 여러 가지가 있다. 샤워를 하든지 목욕을 할 수도 있다. 혹은 30분 정도 체조를 하는 것도 좋다. 아니면 따뜻한 차 한잔을 마시기만 해도 체온이 올라간다.

체온은 한 번 높아지면 상당 시간 지속되고, 하루종일 컨디션을 조절해 준다. 트루먼 대통령은 재직 중 아침 산책에 의해 그날의 컨디션을 조절했다고 한다. 반대로 컨디션 조절 실패로 오전에 끝낼 수 있는 일을 오후까지 질질 끄는 사람들도 주변에는 많다.

성공을 위한 습관

능동적인 사고습관 7가지

1. 무슨 일에든 머리를 써라! 나는 제2의 창조자다.

2. 발상의 전환을 시도하라! 순서와 방향을 바꿔보자.

3. 유연하게 사고하라! 양보다 질이다.

4. 일기를 써라! 생각을 정리하는 지름길이다.

5. 모든 것에서 배워라! 나는 배움으로써 성장한다.

6. 목표를 문서화하라! 그것을 매일 반복하여 쓰고 읽어라.

7. 실패하더라도 실망하지 마라! 성공을 위한 기회가 남아 있다.

23

가장 좋은 계절도 있다

하루 중 여러분의 컨디션이 가장 좋은 시간이 있는 것처럼, 활동성이 가장 왕성해지는 계절도 있음을 기억하기 바란다.

대부분의 사람들은 새롭게 시간을 관리한다든지, 그 밖에 자기계발을 할 결심을 하는 데 있어 대개 새해 첫날을 선택하곤 한다. 그러나 1월은 너무 추워서 몸도 마음도 움츠러드는 때라 운동이나 건강 관리, 학원 수강 같은 결심은 실천하기가 쉽지 않다. 그러므로 1년 계획을 세울 때 추운 겨울에는 집이나 실내에서 할 수 있는 것을, 따뜻한 봄이나 선선한 가을에는 실외나 야외에서 할 수 있는 계획을 세우는 것도 실천력을 높이는 한 방법이다.

성공을 위한 습관

능동적인 행동습관 7가지

1. 기회는 준비된 자에게 찾아온다. 항상 준비하자.

2. 시작한 일은 끝맺음을 확실히 한다.

3. 사고하고, 행동하고, 말하라! 말만 앞서지 않도록 한다.

4. 유머를 개발하라. 웃으면 복이 온다.

5. 외국어 한 가지는 마스터하라!

6. 하고 싶은 일을 하라. 아니면, 하고 있는 일을 즐겨라!

7. 꾸준히 독서하라! 아는 것이 많으면 자신감이 생긴다.

24

쾌적한 장소에서 능률이 오른다

　여러분은 이렇게 말할지도 모른다. "나는 어떤 장소에서나 내가 할 수 있는 일은 뭐든지 할 수 있어요. 환경에 둔감하거든요."

　실제로 아인슈타인 등 몇몇 사람들은 언제 어디에서든지 자신의 일과 생각에 집중하는 능력을 가졌다고 한다.

　하지만 대부분의 경우에는 쾌적한 장소에서 더 많은 집중을 할 수 있고, 더 많은 능률을 올릴 수 있다고 한다.

　캘리포니아 대학의 버나 브라운 박사는 한 그룹의 학생을 두 조로 나누어 한 조는 더러운 다락방에서 일을 하도록 하고, 다른 조는 같은 일을 쾌적한 방에서 하도록 했다.

　많은 학생들은 장소가 그렇게 큰 영향을 미치지 않을 거라고 생각했지만, 결국 쾌적한 장소에서 일을 한 학생들이 더러운 방에서 일을 한 학생들에 비해 일의 속도나 양이 월등하다는 것이 입증되었다.

25

쾌적한 밝기

깨끗한 환경만큼이나 쾌적한 밝기는 일의 능률을 높이는 데 중요한 요소이다. 제너럴 전기 회사의 실험 공장에서 일하고 있는 기사들은 조명기구의 밝기를 조절함으로써 생산성을 30%까지 늘렸다고 한다.

여러분도 일하는 곳의 밝기를 조절해 보라. 공장에서 조명을 바꾸는 것은 가정에서 조명을 바꾸는 것보다 어려울지 모른다. 조도를 조절해 달라는 직원들의 요구를 진지하게 받아들이지 않는 경영자들이 아직까지도 많기 때문이다. 이런 경영자들에게는 조도를 조절하는 것이 기업에 얼마나 더 많은 이윤을 창출할 수 있는지 시범을 보여줘야 한다. 하지만 조도가 적절하다고 해서 불완전한 시력이 고쳐지는 것은 아니므로, 시력이 안 좋은 경우라면 안경이나 렌즈, 혹은 수술로 시력을 교정해야 할 것이다.

26

시력 교정은 시간을 절약해 준다

눈의 피로를 느끼거나 밤이 되면 눈이 침침해지는 것을 느낀 적이 없는가? 업무 중이나 일상생활에서 쉬지 않고 눈을 혹사시키고 있지는 않는가?

현대인은 예전에 비해 상당히 눈을 혹사시키고 있다. 일을 할 때는 물론이고 놀이나 가사일을 할 때, 심지어 한가할 때도 스마트폰을 보면서 눈을 혹사시키고 있다. 미국인의 5분의 2는 일의 능률을 반 아니 3분의 1밖에 올리지 못한다고 한다. 놀라운 것은 그 주된 이유가 눈의 피로에 있다는 것이다.

불완전한 시력은 피로, 능률 저하, 두통 등을 초래한다. 하지만 불완전한 시력의 80%는 눈에 맞는 안경을 착용하는 것만으로 교정이 가능하다. 유니버스 렌즈 회사 사장인 제럴드 비즈 씨는 렌즈 회사 사장답게 한마디 했다.

"시력 검사에 소요되는 시간이나 비용, 그리고 안경값 등은 다른 것에 비하면 극히 적게 드는 것이다. 왜냐하면 눈이 나쁘면 일은 하는 데에 훨씬 많은 시간과 에너지가 소비되고, 그것은 결국 더 많은 행복의 기회를 잃는 것이 되기 때문이다."

바다에 빠져 죽은 사람보다 술에 빠져 죽은 사람이 더 많다.
Wine hath drowned more men than the sea.
– T. 풀러

27

눈을 혹사시키지 말 것

눈을 혹사시키지 않으면서도 능률을 올릴 수 있는 방법은 많다. 예를 들면, 숙련된 타이피스트는 좀처럼 자신의 손끝이나 자판을 보지 않는다. 손은 기계적으로 자연스럽게 타이핑을 하는 것이다. 눈은 타이핑되는 글씨들을 보되, 모니터 화면을 눈이 피로하지 않은 배경색과 글자 크기 및 글자체로 맞춰두면 된다.

자동차를 운전할 때도 마찬가지이다. 일부러 브레이크 페달을 보지 않는다. 감각적으로 기어를 바꾸는 데 익숙해져 있다. 그리고 눈은 항상 앞을 보고 있다. 가능한 한 눈을 사용하지 않고 손발로 일할 수 있도록 훈련한다. 하지만 눈의 피로를 줄이는 가장 좋은 방법은, 틈틈이 나무나 하늘을 보는 것이다. 가까이에 있는 문서나 컴퓨터 모니터만 보는 것은 우리 눈이 가까운 것만을 보도록 만든다. 그러므로 먼 곳을 바라봄으로써 시야와 시력을 조절할 필요가 있다.

자신감을 기르는 5 가지 방법

1. 절대 포기하지 않기로 매일 다짐한다.

2. 소망을 이룬 후의 나를 매일 상상한다.

3. 반드시 꿈을 이룰 것이라고 매일 암시한다.

4. 구체적인 목표를 매일 종이에 적는다.

5. 매일 다른 사람을 칭찬하고 격려함으로써 많은 협력

   자를 만든다.

단시간에 많은 일을 하기 위해서

가장 중요한 것은 자기 나름대로

독특한 예정표를 만드는 것이다.

이 예정표는 정성들여 만든 것일 수도 있고 극히

간단한 것일 수도 있다. 하지만 사업가나 노동자,

또는 주부, 학생, 사무원 등 모두 자신만의

예정표를 가지고 있어야 한다.

그리고 당신을 위해 가장 효과적인 예정표를

만들 수 있는 사람은 당신 이외에는 아무도 없다.

일의 정리 방법

28

메모를 종합해 예정표를 만든다

　명사들은 전부라고 해도 좋을 정도로 자신의 일을 무언가 자신만의 노하우로 메모를 하고 있다.

　『디스 위크 매거진』 잡지의 편집자인 윌리엄 니콜스는 메모를 하는 것은 하버드 대학에서 받은 교육만큼 값어치 있는 공부가 된다고 말한다. 니콜스 씨는 다음과 같이 말한다.

　"하고 싶다고 생각한 일이 생각났을 때 그것을 메모해 두세요. 그러면 낮이든 밤이든 그것을 기억해 두려고 하는 데 드는 상당히 큰 시간을 절약할 수 있습니다. 그리고 휴일을 이용해서 그러한 메모를 정리된 계획에 종합하는 것(나는 이것을 예정표라고 부르고 있어요)입니다. 이것 또한 시간 절약이 됩니다. 왜냐하면 그것은 당신의 일과 용건을 논리적으로 또 순서 있게 정돈해 주기 때문입니다."

29

메모를 정리할 것

그런데 여러분이 그것을 어떻게 메모하는가보다는 그 메모를 정리하는 방법이 진짜 비결이다. 낡은 봉투의 겉면에 흘려 쓴 메모를 주머니나 지갑에 아무렇게나 넣어둔다든지, 혹은 벽에 핀으로 꽂아놓았다가 분실되는 일이 흔히있다. 스마트폰을 사용해 메모를 하는 경우에도 이를 정기적으로 정리하지 않으면 이해할 수 없는 낙서가 될 뿐이다.

그러므로 메모를 해서 잘 정리하여 두고, 그것을 주기적으로 검토하고 업그레이드하는 것이야말로 자신의 일에 기여할 큰 자산이 되는 것이다.

실업가 헨리 J. 카이저는 일찍이 이렇게 말한 적이 있다.

"만일 여러분이 하나의 일을 어떻게 할까 생각한다면 그 생각만으로도 그 일을 반 이상 완수한 거나 마찬가지이다."

30

하루의 예정에 맞춰 짜볼 것

유명한 듀폰사의 사장 크로포드 H. 글리네볼트는 미국에서 최대독점 자본가라고 불리고 있는데, 그는 시간을 엄격히 정해 세밀한 계획을 세우고 행동하는 것으로 유명하다. 그는 계획을 세우는 데 많은 시간을 들이지만, 막상 실행하는 데 있어서는 3~4배의 시간을 절약할 수 있다고 말한다.

여러분이 보다 능률적으로 일을 할 수 있도록 그의 아이디어 몇 가지를 소개하겠다.

① 가능하다면 언제든지 당신이 당신의 일을 완수하기 위한 계획을 세울 때 반드시 부딪칠 거라고 생각되는 문제를 전부 써나간다. 앞뒤 가리지 않고 미친 듯이 달려나가다가 도리어 능률을 저하시키는 것보다, 처음부터 완만한 페이스로 시종일관 하는 것이

좋다.

② 능률적인 전문기사 같은 엄격한 태도로 매일 자신의 활동을 연구하라. 당신은 어떤 다른 사람보다 자신의 일에 통달하지 않으면 안 되고, 일의 순서도 잘 실행할 수 있도록 해야 한다.

사람은 자신을 위해 나무를 심지 않고,
후손을 위해 심는다.
A man does not plant a tree for himself,
he plants it for posterity.
– A. 스미트

31

하루의 계획과 일주일의 계획

　프레드 라자루스 주니어는 백화점연합회 회장이기 때문에 전국에 걸친 주요 소매업의 근황을 언제나 명확히 파악하지 않으면 안되는 입장에 있다. 그는 우선 일주일의 예정표를 짜고 그 중에서 가장 먼저 하지 않으면 안 되는 5개 내지 10개의 가장 중요한 일을 선택함으로써 매일 적어도 25분간은 절약하고 있다. 그는 언젠가 이렇게 말한 적이 있다.

　"자신이 당면한 일 중 어느 것을 가장 먼저 할 것인가를 정하기 위해 끊임없이 다시 생각해 보는 것, 이것이 최대의 비밀입니다. 반드시 해야만 하는 순서에 따라 일을 마무리짓고, 또 하고 싶은 일을 메모해 두세요. 우선 제일 먼저 힘든 일을 써나가는 겁니다. 시간을 낭비하는 일은 멈추세요. 따분한 잡일은 나중에 하시구요. 그런 일에 이리저리 헤매다 보면 원하는 결과를 얻는 데에 두세 배의 시간과 노력이 필요하답니다."

시간은 소리 없는 마무리이다.

Time is a noiseless file.

– G. 허버트

32

제1순위 판단력

심리학자인 다비드 시버리는 자신이 가장 먼저 해야 할 것을 선택하는 능력을 '제1순위 판단력'이라고 명명하고 이렇게 설명하고 있다.

"유능한 일꾼은 우선 처음에 자신의 머리를 정리하고, 어떤 일이나 가장 처음에 해야 하는 일부터 먼저 손을 대도록 노력하죠. 대개의 사람들은 무엇이 중요하고 무엇이 중요하지 않은지 알고 있지만, 그들은 그것을 어떻게 할까 좀처럼 생각해 보려 들지 않아요. 일을 시작하는 데 있어서 처음에 그러한 것들을 모조리 써나가다 보면 아무렇게나 해도 되는 일과 필요한 일을 구별할 수가 있습니다. 이렇게 그것들을 구분지어 가장 중요한 것부터 그다지 중요하지 않은 순서대로 나열합니다. 그리고 우선 가장 중요한 일을 맨 먼저 하는 습관을 기르는 것입니다.

즉, 인생을 하찮은 것에 방해받아서는 곤란합니다. 하찮고 사소한 일 때문에 중요한 일을 할 시간과 에너지를 빼앗겨선 안 됩니다."

잃어버린 시간은 결코 다시 찾지 못한다.
Lost time is never found again.
- B. 프랭클린

33

예측과 계획

RCA 회장인 다비드 사노프는 30년 전부터 이 아이디어를 가장 중요한 것으로 실행해 왔다. 그는 이렇게 말한다.

"복잡한 일 중에서 가장 중요한 것을 꺼내어 그것을 실천으로 옮기세요. 훨씬 미래까지 내다보고 계획을 세워 보세요. 눈앞의 일을 간과할 정도로 지나치게 먼 미래의 일을 계획하는 것은 무리지만 말입니다."

당장의 일이 항상 가장 중요한 일일 수는 없다는 점을 잊지 말았으면 한다. 시간적으로 가까운 일이 마치 그 순간에 여러분에게 있어서는 가장 중요한 일처럼 보일지도 모른다. 그러나 여러분이 세운 미래까지의 계획이라는 틀에서 그것이 꼭 필요한 일이지 아닌지, 해야 한다면 언제쯤 해야 할지를 결정하고 나서 일을 추진하는 습관을 길러라. 그렇게 하면 쓸데없는 일에 시간을 낭비하는 일을 줄일 수 있을 것이다.

중간이 가장 안전할 것이다.

You will be safest in the middle.

– 오비디우스

34

15분 단위의 계획

유명한 목사이며, 저술가이고, 라디오 방송가로도 알려져 있는 다니에 폴링 박사는『크리스천 헤럴드』잡지의 편집인을 하기도 했다. 그는 시간을 15분씩 나누어 계획을 세우고 그것을 실행했다. 그의 방법에 대한 설명을 들어 보자.

"몇 년 전에 나는 하루를 15분씩 나누어 본 적이 있어요. 그리고 각각의 15분간에 할 일을 기록했어요. 그 결과 나는 확실히 20~30분 걸릴 거라고 생각했던 일이 15분 안에 끝날 수 있다는 것을 알았죠. 그 때 이후로 나는 매일 한 시간 내지 두 시간을 벌고 있습니다. 지금은 이제 이런 구분을 할 필요가 없어졌습니다. 오랜 습관으로 완전히 자동적으로 일을 할 수 있게 되었으니까 말입니다."

그의 작고 검은 수첩에는 먼 장래의 계획과 동시에 다음 날, 다음 주, 다음 달의 계획이 적혀 있다. 이것이 그의 일의 골격인 것이다.

그는 이렇게 말한다.

"예기치 못한 사정으로 계획을 변경하지 않으면 안 될 경우는 일정을 바꾸어 가장 급하고 필요한 일부터 하고 있어요."

35

라디오는 시간을 구분해 준다

주부 중에서 자신이 좋아하는 라디오 프로그램에 맞추어 가사를 돌보며 시간을 절약하고 있는 사람이 많이 있다. 그녀들은 아침 식사를 하면서 라디오 뉴스를 듣고, 요리를 하는 시간에는 또 다른 프로그램을 듣는다. 라디오의 한 프로그램 시간에 청소를 마치고, 옷을 수선하고, 식사를 준비하고, 다림질을 하고, 저녁식사 요리를 하는 등 라디오 프로그램에 맞춰 하루의 일과를 처리하는 것이다.

어느 주부는 이렇게 말한다.

"저는 일부러 시계를 볼 필요가 없습니다. 라디오 프로그램의 길이에 따라 정확하게 어느 정도의 시간이 남는지 알 수 있기 때문이죠."

36

시계를 빨리 가게 해두세요

어떤 사람들은 시간을 절약하기 위해 언제나 시계 바늘을 빠르게 해 놓는다. 그렇게 해서 약간이나마 여분의 시간을 만들어 낸다. 그것은 하나의 심리학적 술수에 불과하지만 상당히 도움이 된다.

시간을 절약하는 15가지 비법

1. 책상은 깔끔하게 정리 정돈한다.
2. 스케줄을 짜고 우선 순위를 정하는 시간을 따로 마련한다.
3. 무슨 일이든지 미루지 말고 바로 한다.
4. 최고로 능률이 오르는 시간에는 가장 소중한 일을 한다.
5. 자잘한 업무를 묶어서 한꺼번에 처리한다.
6. 창조적인 업무와 단순 업무는 분리해서 처리한다.
7. 한 가지 일을 시작하면 그 일을 끝낸 후에 다른 일을 시작한다.
8. 업무에 대한 자신만의 마감 시간을 정해 놓는다.

9. 검토한 자료와 검토하지 않은 자료는 분리해 둔다.

10. 개인적인 대화나 전화는 점심시간으로 미룬다.

11. 아이디어가 떠오를 때마다 수첩이나 휴대전화 등에
    메모한다.

12. 오전과 오후 한 번씩 '10분 휴식'을 가진다.

13. 약속 시간보다 10분 일찍 도착한다.

14. 정말 원하는 것을 하기 위해 꾸준히 시간을 내려고
    노력한다.

15. 시간을 최대한 효율적으로 쓰기 위해 항상 노력한다.

37

월간 계획표의 이용

헨리 포드 2세는 만일 당신이 적어도 1개월 앞의 일을 계획하고서, 지금까지 해 왔던 일과 이제부터 정리하려고 생각하고 있는 일들을 비교 연구한다면 적어도 1개월마다 현저한 진전이 있을 거라고 말하고 있다.

그는 앞으로의 1개월 간의 계획을 메모할 수 있는 달력을 이용한다. 그리고 매주 단위와 하루 단위의 시간 계획표를 작성해 놓고 있다. 그렇게 해서 그는 일반적인 작업 계획표를 만든다.

그러나 포드는 너무나 계획부터 앞서 그 계획이 막연하거나 불분명하게 되지 않도록 주의를 요하고 있다.

"우리들은 효율적인 자동차 생산을 위해 3~4년 앞의 계획까지 세워놓지 않으면 안 됩니다. 하지만 여러분의 개인적인 계획표라는 것은 먼저 여러분의 하루하루, 한 주 한 주, 혹은 한 달 한 달을 정리하기 위해서 짜여져야 합니다. 그리고 활동력을 느슨하게 하지 말고 언제나 그것을 종합해서 처리하도록 노력해야 합니다."

하루의 가장 기분좋은 순간은 새벽에 있다.
Day's sweetest moments are at down.
- E. W. 윌콕스

인생 목표 수립을 위한 지침 10가지

1. 어느 정도의 수입을 원하는가?

2. 어느 정도의 지위를 원하는가?

3. 어느 정도의 권한을 원하는가?

4. 어느 정도의 생활 수준을 원하는가?

5. 어느 동네, 어떤 집에서 살고 싶은가?

6. 어느 시기, 어떤 휴가를 가고 싶은가?

7. 자녀에게 어느 정도의 경제적 지원을 해주고 싶은가?

8. 어떤 종류의 친구를 갖고 싶은가?

9. 어떤 사회적 그룹에 소속되고 싶은가?

10. 버리지 않을 대의 혹은 좌우명은 무엇인가?

38

하루의 맨 마지막에 다음 날의 계획을 세울 것

또 다른 계획표를 작성하는 데 다음과 같은 아이디어가 있다. 그것은 사무실이든, 공장이든, 가정이든 하루가 끝나는 짧은 시간을 이용해서 다음 날의 계획표를 만드는 것이다.

이 10분 간의 '끝맺는' 시간에 의해 하루의 일을 잘 매듭짓는다는 안도감과 함께 또 그 후의 휴식도 좀더 여유있게 보낼 수 있다. 엘리노아 루즈벨트 부인은 이 계획의 애호가로, 그녀는 이렇게 말한다.

"전날 밤에 일을 준비해 두면 다음 날에 그냥 시작해서 하는 것보다 시간을 반으로 줄일 수가 있습니다. 그리고 노력도 훨씬 적게 듭니다. 이 20분 간의 메모가 바로 다음 날의 행동 계획을 명확하게 해주기 때문입니다."

39

실행에 도움이 되는 메모

꼭 하지 않으면 안 되는 일을 모두 노트에 기록해 두는 것은 앞으로의 일을 보다 정확하게 실행하기 위한 한 방법이다. 만일 그것을 행동으로 옮기지 않는다면 일이 더욱 곤란하게 되는 것은 물론이고 시간 낭비만 될 것이다.

그러기에 최선의 방법은 노트에 항상 행동의 지침이라 할까, 그 방법을 모두 메모해 두고 그대로 실행하는 것이다. 예를 들어 '거래처 상담'만 해도 그렇다. 그저 막연하게 적어 놓을 것이 아니라 언제까지 무엇을 하기위한 상담인지, 상대방의 성향과 예상되는 답변 또 그에 대한 나의 대응법 등을 미리 메모해 두면 보다 효과적으로 일을 실행할 수 있다. 설령 원하는 것을 당장 얻지 못하더라도 이러한 메모는 나중에 유용한 데이타로 사용될 가능성이 높다.

40

탁상 메모를 활용한다

광고와 마케팅으로 성공한 실업가 제롬 하이마는 이 계획표 작성의 습관은 일을 진행하는 데 없어서는 안 되는 것이라 생각하고 있다.

그는 자신의 100여 군데의 거래선을 적어 둔 탁상 메모를 만들어 3~4일에 한 번씩 전화 연락을 취하고 있다. 그는 이렇게 말한다.

"이 규칙적인 전화 덕분에 아무리 힘들어도 견딜 수 있고, 또 상당히 많은 주문을 따낼 수 있어 놀랄 정도입니다."

이와 같은 아이디어는 개인적인 인맥 관리에서도 마찬가지로 도움이 된다. 만나는 것을 자주 잊는 사람이나, 참가하고 싶은 모임이라든가, 하고 싶다고 생각해도 깜빡 잊어버리는 일 같은 것은 이 탁상 메모를 활용하면 크게 신경쓰지 않아도 언뜻 보는 것만으로도 생각이 난다.

41

항상 수첩을 휴대한다

수첩이 일상 생활의 시간 절약에 도움이 된다고 해도 사람들은 좀처럼 그걸 진심으로 받아들이지 않는다. 하나의 수첩이라고 해도 실은 다양하게 사용할 수가 있는데 말이다.

가장 좋은 수첩 활용법은 그 작은 노트 지면을 용도에 맞게 세 개나 네 개로 구분해 사용하는 것이다. 각종 정보와 아이디어를 적어놓고, 스케줄을 기록하여 시간을 관리하며, 인맥 정보를 적어두는 것이다. 그리고는 계획과 예정, 진행, 완료 등을 나름의 방법으로 표시한다. 수첩에 포스트잇을 활용하여 아이디어와 일정을 더 추가하거나 상황이 종료되면 제거하는 방식도 유효하다.

플래너, 다이어리, 수첩 등 이름은 다양하지만 그 안에 들어가는 것은 크게 정보, 시간, 인맥이다. 단순한 소지품이냐 아니면 개인의 소사(小事)가 담겨 있는 소중한 자산이 되느냐는 여러분의 몫

이다. 정보, 시간, 인맥, 이 세 가지 요소를 취합하고 활용하는 데
에 수첩은 제 역할을 다할 것이다.

하루는 영원의 축소판이다.
A day is a miniature eternity.
- 에머슨

42

오래 쓸 수 있는 노트를 준비할 것

많은 사람들에게 있어서 오래 쓸 수 있는 노트는 잘 만들어진 데스크용 메모지보다도 훨씬 귀중한 보물이 되고 있다.

예를 들면, 속지를 다 사용하고 나면 속지만 다시 갈아끼울 수 있는 다이어리 혹은 플래너를 한번 사용해 보아라.

거기에 하루를 1시간 간격 혹은 30분 간격으로 나누어 선을 그어 그 날의 스케줄을 관리하는 것이다. 다른 페이지에는 주소록, 전화번호, 각종 아이디어를 기입하고 말이다.

다이어리나 플래너를 잘 활용하면 일정 관리나 인맥 관리, 혹은 정보 관리 면에서 많은 도움을 받을 것이다. 이것을 매일매일 기록하고 정리하다 보면 어느새 자신에 관한 모든 것이 정리되어 있는 책을 소장하는 것과 다름없다.

43

요소요소에 메모용지를 놓아둘 것

주머니에 넣어두는 카드 외에도 가정이나 아파트의 다음과 같
은 곳에 약간의 카드묶음이나 메모용지를 준비해 두면 편리하다.
책상 위, 탁자 위, 거실 구석, 전화기 옆, 욕실, 현관 등.

잘못은 이성이 태어날 수 있기 전부터 산다.
Error lives are reason can be born.
- 콘그리브

메모 잘 하는 요령 7가지

1. 관찰력이 보배다. 주의깊게 관찰하라.
2. 때와 장소 불문이다. 언제 어디서든 메모하라.
3. 메모는 나만의 언어다. 기호와 암호를 활용하라.
4. 기억하기 위해 메모한다. 중요 사항은 눈에 띄게 메모하라.
5. 메모는 데이터베이스다. 메모지 말고 노트에 메모하라.
6. 메모에 메모를 거듭하라.
7. 주기적으로 메모를 정리하라

44

세일즈맨의 플래너

세일즈맨들은 고객을 방문하는 순서를 계획해 두면 시간과 노력의 낭비를 줄일 수 있다는 것을 알고 있다. 그리고 또 이것은 많은 수입을 얻는 세일즈맨과 언제나 실패만 하고 있는 세일즈맨과의 차이이기도 하다.

신용조사에서 국제적인 명성을 얻고 있는 댄 애드 브라더스트리트 회사에서는 다음 아이디어가 가장 도움이 된다고 말하고 있다.

① 단순히 무언가 될 것 같다고 하는 정도의 사람보다도 가장 유망하다고 보이는 고객에게 모든 힘을 집중할 것

② 고객에 대해 잘 알려져 있는 사실을 단서로 판매할 것

③ 그 고객의 지불 능력에 따라 주문량을 맞출 것

댄 애드 브라더스트리트 회사의 영업 입문서는 이를 위해 정말 적당한 안내서이다. 대부분의 상공업자는 그 리스트에 알파벳 순서로 기입되어 있다. 그 이름은 사업의 종류와 신용과 자산의 정도에 따라 분류되어 있다.

햇빛이 비치는 한, 먼지도 반짝인다.
Dirt glitters as long as the sun shines.
− 괴테

45

자신만의 기호를 개발하라

　자신만이 보게 될 문서나 수첩에는 굳이 문법에 맞춰 글을 적을 필요는 없다. 기록하는 시간을 단축하고, 알아보기 쉽고, 눈의 띄게 하기 위해서는 자신만이 아는 기호와 표시들이 있으면 좋다. 그렇게 되면 다이어리를 펼쳤을 때, 중요사항 혹은 검토해야 할 사항이 무엇인지 쉽게 알 수 있을 것이다. 그리고 문자와 숫자만이 빼곡히 들어차 있는 것보다는 부호와 표시, 색깔이 있다면 덜 지루할 것이다.

　메모와 기록은 습관이다. 메모하는 습관을 들이는 것 자체도 시간과 훈련이 필요하지만, 그것에 자신만의 기호를 자연스럽게 적는 것도 어느 정도의 연습과 시간이 필요하다. 하지만, 자신만의 기호를 섞어 쓰는 것이 습관이 되면 기록해야 할 것이 많을 때 놓치지 않고 기록할 수 있고, 기록하는 시간도 훨씬 단축될 것이다.

46

필기도구도 연구한다

적재적소에 메모용지를 준비해 두는 것과 마찬가지로 중요한 것은 필요한 장소에 연필 또는 펜 등의 필기도구를 놓아두는 것이다.

가정에서건 사무실에서건 필기도구를 제자리에 두지 않으면 필기도구를 찾느라 시간을 낭비하고 부산을 떨게 된다. 언제나 일정한 장소에 필기도구를 두는 것은 기본이다. 그리고 오랫동안 사용해서 손에 익숙한 필기도구들은 가방이나 다이어리에 끼우고 항상 휴대한다.

자신이 사용하는 기본 색상의 필기도구가 있으면, 그에 대비하여 눈의 띄는 색상의 필기도구도 함께 준비한다. 이것은 메모의 효과를 극대화하고, 주의를 환기시키기 위해서 필요하다. 형광펜으로 덧칠을 한다든가, 빨간 펜이나 파란 펜으로 어떤 표시를 해 둠으로써 메모를 활성화하는 것이다.

47

계획표를 제대로 활용하기 위해서는

이제부터 서술하는 방법은 크게 시간 절약에 도움이 될 것이라
고 생각하지만, 그러기 위해서는 우선 다음 사항을 확실히 해둘 필
요가 있다.

- 우선 하지 않으면 안 되는 것은 무엇인가?
- 그것을 어떤 순서로 할 것인가?

다음으로 해야 할 것은 이상의 연구를 이용하면서 일을 가장 신
속하게 또 효과적으로 완성하는 방법을 결정하는 것이다. 가정의
주부든 경영자이든 실제로 일의 중심이 되는 사람은 사색가이고,
계획자이고, 관리자가 아니면 안 된다. 사고하고, 계획하고, 관리
하기 위해서는 다음 두 가지의 기본적인 원리를 배워야 한다.

① 당신에게 별로 중요한 일이 아니거나 또는 당신 자신의 일이긴 해도 괜한 시간만 낭비할 것 같은 그런 일이 어떤 누군가에게는 중요하거나 필요한 일인지 고민해야 한다. 그리고 어떻게 하면 그 타인이 흥미를 갖게하고 단련시킬까?를 고민한다.

② 당신이 해야 할 일을 정확히 처리해 가기 위해서는 당신 스스로를 어떻게 단련시켜 나가는 것이 좋은가?를 고민한다.

바쁜 사람은 눈물을 흘릴 시간이 없다.

The busy have no time for tears.

– 바이런

48

고의로 천천히 할 일

인디언 헤드 밀 회사의 젊은 사장인 제임스 E. 로빈슨은 어떤 일이라도 메모를 해두어 천천히 그것을 평가하는 것이 상당한 이점을 준다고 다음과 같이 말하고 있다.

"나는 그 장소에서 일어난 일체의 문제는 그 자리에서 해결하지 않으면 안 된다고 생각해 왔다. 심각하게 고민하고, 긴장하고, 시간을 낭비하고, 게다가 정말로 중요한 일을 가끔 놓치고 만다. 그리고 잠시 시간이 흐르고 보면 이러한 많은 트러블은 전혀 하찮은 일이었다는 것을 깨닫게 된다.

그래서 현재에는 그런 종류의 서류는 '후일 재검토'라고 쓴 특별한 서랍에 넣어두고 있다. 이 서랍이 가득 찼을 때에 열어보면 놀라운 것은, 아니 유쾌한 것은 상당히 고민스러웠던 문제가 절반 이상 저절로 해결되어 있는 것이다. 시간이 약이 되는 경우가 의외로 많다."

49

걱정거리는 문 밖으로 버릴 것

직장의 문제를 가정으로 가지고 들어오는 것은, 결국 직장과 가정 양쪽 모두에게 좋은 결과를 가져오지 못한다는 사실을 많은 비즈니스맨들이 점점 깨닫고 있다. 이것을 피하기 위해 모자 제조업 체인 프랭크 H. 리 회사 사장 제임스 B. 리는 이렇게 말한다.

"중요한 것은 에너지 소비를 컨트롤하는 것을 배우는 것입니다. 일정한 시간과 장소에서는 결코 그러한 문제를 받아들이지 않도록 하는 것입니다. 즉 중요한 것은 금고에 간수하고, 물리적으로나 심리적으로도 책상을 닫아 일을 잊어버리는 것입니다.

나는 가정에서 낮이나 밤이나 일을 어떻게 처리할까 하고 고민하지 않게 되고 나서 하루에 한 시간은 여유시간으로 확보할 수 있게 되었습니다. 걱정거리는 가장 커다란 시간의 낭비 요소입니다. 특히 어제의 실패나 괴로움에 연연하거나, 혹은 내일 닥칠지도 모르는 재난을 앞서 걱정하느라고 시간을 허비하는 것은 어리석은 일입니다."

도둑맞고 미소짓는 자는 도둑에게서 무엇인가 훔친다.
The robbed that smiles steals something from the thief.
– 셰익스피어

버려야 할 태도 7가지

1. 계획적이지 못하고 즉흥적이다.

2. 주도적이지 못하고 대응적이다.

3. 실패에 대한 책임을 남에게 전가한다.

4. 중요한 일보다는 긴급한 일부터 먼저 한다.

5. 결과에 집착하여 승패를 계산한다.

6. 이길 수 없는 경우 미리 타협한다.

7. 변화를 두려워한다.

50

결단을 내리는 훈련

걱정하는 것 자체는 같은 사항에 관하여 몇 번이나 (몇 번이나 반복해, 스스로 생각하고) 생각하기 때문에 시간을 낭비하게 만드는 요인이다.

테이튼 고무회사 사장인 AL. 프리드렌더는 어떤 문제에 직면하여 적당한 해결책이 떠오르지 않을 경우에는 그의 사무실 벽에 걸린 칠판에 그 문제를 큰 글씨로 적는다. 그리고 그는 스스로 그렇게 쓴 것에 대한 몇 가지 해결책을 가정하고, 그것을 현실화했을 때 드는 비용과 얻을 수 있는 결과를 예측해 본다.

이 방법은(학생 시절 크리블랜드 법률 연구소에서 공부할 때 배운 것이지만) 많은 곤란한 문제를 보다 효과적으로 또 보다 신속하게 해결하는 데 많은 도움이 되었던 것이다. 아무튼 그와 같이 칠판이나 누런 도화지에다 한눈에 모든 것을 알아볼 수 있도록 문제를 써보는 것으로 한결 더 빠르게 해결책을 발견하는 사람도 있다.

비교적 중요하지 않은 문제의 해결을 좋게 생각하고 빨리 처리할 수 있도록 연습을 해라. 그렇게 하면 중요한 행동을 신속하게 결정하는 방법을 익히게 될 것이다.

51

회의시간을 단축하는 방법

사무실이나, 공장이나, 단체나 각종 모임 혹은 가정에서의 모든
활동에 있어서 우리들은 집단적인 결정을 요하는 문제를 생각하거
나 토론하는 데 의외로 많은 시간을 소비하게 된다.

누구든지 '이렇게 해야 한다'고 최후의 결론만을 강요하는 독재
적인 방법에는 찬성하지 않을 것이다. 구성원 모두가 참여하여 다
수결의 원칙에 따라 가장 합리적인 결정을 신속하게 내리지 않으
면 안 되는 일이 자주 있다.

"오후에 회의를 하면, 대개의 경우 회의가 빨리 끝납니다. 왜냐
하면 다들 빨리 끝내고 집에 가고 싶어하기 때문이죠. 그래서 그
다지 쓸데없는 이야기는 나오지 않고, 시간이 지남에 따라 참석자
는 점점 안건에 집중하게 됩니다. 그 결과는 어떨까요? 보통 오전
중에 세 시간 걸려 논의되는 사항이 오후에 회의를 하면 그 절반의

시간만으로도 충분히 논의되고 결론이 납니다."

뛰기 전에 보라.
Look are you leap.
- J. 헤이우드

52

회의시간의 선택

증권회사의 사장이자 『인베스트먼트 컴퍼니』라는 연보의 출판업자로서도 널리 알려져 있는 아사 비센바거는, 일 처리를 신속하게 하는 방법에 대해 다음과 같이 말하고 있다.

"나는 일에 관한 회의는 점심식사 전에 하는 것을 좋아합니다. 모두가 배가 고프기 때문에 사소하고 하찮은 일을 거론하여 시간을 낭비하는 일이 없고 자연히 토론에 집중하게 됩니다. 회의는 신속하게 진행합니다. 회의가 끝난 후에 우리들은 식사를 하면서 즐겁게 대화를 나눌 수가 있습니다. 이 방법을 이용하여 나는 이전의 두 시간 걸렸던 일을 한 시간 이내에 완료할 수 있게 되었습니다."

앞의 두가지 예에서 볼 수 있듯이 회의를 언제하는가?는 효율적인 회의를 위해 각 조직의 조건과 환경을 고려하여 정해야 한다.

53

사전에 준비할 것

센리히 디스트리뷰터 회사의 부사장 시드니 프랭크는 다음 네 가지 단계를 거치지 않으면 그 의사를 회의에 제출할 수 없다는 원칙을 만들었다.

① 의제를 주의깊게 검토할 것

② 그 원인을 연구할 것

③ 가능한 한 해결책을 생각해 둘 것

④ 권유안을 준비해 둘 것

그는 이 원칙을 회의를 할 경우뿐만 아니라 전화할 경우에도 활용하고 있다. 그는 이렇게 말한다.

"이 방법에 의해 우리들은 사소한 시간의 낭비를 막을 수 있습니다. 게다가 회의를 열 필요조차 없고, 개인적으로 대화를 통해 해결할 수 있는 문제가 많다는 것을 알았습니다."

파카 만년필회사의 공장장인 펠프 워커는, 특별하면서도 중요한 시간 절약법은 과거의 결정이나 실수를 눈감아 주는 것에 있다고 했다. 자칫 회의가 과거 결정에 대한 후회나 비난의 시간이 되어서는 시간낭비일 뿐 아니라 갈등의 기폭제가 될 수 있기 때문이다.

말은 칼보다 더 날카로운 무기이다.
The tongue is a sharper weapon than the sword.
– 포킬리데스

54

의사록의 회람에 의한 절약

국방부 차관이었던 아난 M. 로젠버그는 회의 시간을 낭비하지 않는 비결로서 다음과 같은 방법을 제안하고 있다.

① 15분 이상 지속되는 회의는 반드시 그것을 위한 특별한 의사록을 작성하여 돌려볼 것

② 구체적인 의제에 대해서 구체적인 기여를 할 수 없는 회의는 중단하도록 만류할 것

③ 낼 수 있는 결론은 지연시키지 말 것. 특히 당신이 최후의 결론이 어떻게 되는지를 알고 있는 경우는 더욱 그렇다. 그러한 지연은 당신 자신과 다른 사람들의 시간까지 낭비하게 하는 것이다.

55

가족회의를 하자

일주일 동안 끊임없이 일어나는 가정 내의 문제를 해결하기 위해 시간을 절약하는 하나의 좋은 방법은 그것을 위해 일정한 시간을 갖는 것이다.

예를 들면, 일요일 저녁으로 하는 것이다. 그 때는 지나간 7일간의 모든 문제가 토론되고 또 해결되는 시점이기 때문이다. 의논을 오래 끌거나 문제가 일어날 때마다 시간을 낭비하는 대신에 이 가족회의에 문제를 제출해서 모두의 지혜를 빌려 해결할 수가 있기 때문이다.

가족회의는 감정으로 연결된 가족간의 문제도 이성적으로 다루는 시간을 제공한다는 점에서 의미가 있다.

자녀들에게 가르치는 말하기 습관 10가지

1. 여러 가지 인사말을 가르치세요.

2. 말 배울 때부터 존댓말을 가르치세요.

3. 남의 말을 경청하게 하세요.

4. 자녀의 말을 끝까지 들어 주세요.

5. 상대방을 보면서 이야기하도록 가르치세요.

6. 생각이나 견해를 말하게 하세요.

7. 때와 장소에 맞게 말하도록 하세요.

8. 울음이나 침묵이 아닌, 말로 의사를 표현하도록 하세요.

9. 고운 말을 쓰게 하세요.

10. 다양한 주제를 갖고 대화하세요.

일을 하는 데 있어 가장 신속히 할 수 있는
가장 좋은 방법은 무엇일까?
우리는 늘 이런 경우에 부딪칠 때마다,
어떻게 하는 것이 가장 최선의 방법일까
하고 생각하지만 그 어떤 사람이라도
그 같은 질문에 결정적으로
답할 사람은 없을 것이다.
하지만 이 장에서는 당신 자신의 방법과
비교해 정말로 당신 자신에게 맞는
새로운 방법을 발견해낼 수 있도록,
다음과 같이 몇 개의 아이디어를 소개하겠다.

CHAPTER

4

일을 진전시키는 요령

56

한 번에 한 가지씩 일할 것

어떤 일을 할 때 무엇이 당신에게 가장 적합한가를 결정하는 열쇠는 바로 당신에게 있다.

대통령 고문인 버나드 바르크는 이렇게 말하고 있다.

"나에게 있어서 최대의 시간 절약법은 정해진 시간에 그 한 가지 일을 하는 것입니다. 그리고 그것을 완수할 때까지 포기하지 않습니다. 나는 한 번에 두 가지 일은 못합니다. 어떤 사람들은 그것이 가능하고 상당히 능숙하게 하는 것 같은데 말입니다. 하지만 제 견해로는 어중간하게 일을 남기지 않는 그런 정신적인 훈련이 필요하다고 봅니다. 한 번 일을 마지막까지 완수하는 습관을 습득할 수 있다면 사람과 시간과 정력을 최대한도로 활용할 수 있을 겁니다."

한 번에 한 가지의 일을 시작하고, 그것을 끝까지 완수하는 것은 자기 자신을 훈련하는 방법이다. 이것은 단순히 계획표를 작성하는 것에서 그치지 않고, 우선적으로 해야 할 일에 주의를 집중하고 몰입하는 것이다.

만일 여러분이 어떤 일을 하든 어중간하게·도중하차 하지 않고 끝까지 초지일관하는 습관을 기른다면 여러분의 의지력과 일을 완성하는 능력은 한층 증대할 것이다.

과실을 거쳐 사람은 광명에 도달한다.
Through sin do men reach the light.
— E. 허버드

57

아이젠하워의 방법

아이젠하워 대통령은 정해진 시간에 한 가지 일을 하는 원칙을 가장 강하게 확신하고 있는 사람 중의 한 명이다. 그는 저술가인 밥 코시더인에게 이렇게 말하고 있다.

"대통령의 격무를 계속해 가기 위해 내가 발견한 유일한 방법은 정해진 시간에 한 가지 일을 완수하는 것이오. 그리고 그 일을 결코 내일까지 미루지 않는 것이지."

아이젠하워 대통령의 신문계 비서인 제임스 C. 하가티는 이렇게 덧붙여 말한다.

"대통령께서는 그렇게 해야만 한다고 생각하시면 어느 장소에 관계없이 재빨리 활동을 개시하시고, 또 신속하게 명령하고 순식간에 판단을 내리십니다.

또 언제나 대통령의 책상 위에는 그날 중으로 해야 할 일이 깔

끔히 정리되어 있습니다. 그리고 편지의 답장을 정확하게 쓰시고,
지금 바로 처리하게 하는 것은 우선 한 가지 일로서 나중으로 미루
는 일을 허락하지 않습니다."

좋은 말에 나쁜 행동은, 현명한 바보를 다 속인다.
Good words and ill deeds deceive wise and fools.
- J. 데이비스

58

두뇌의 피로를 줄이는 방법

부동산업으로 널리 알려져 있는 죠브사의 사장 제리 필드는 또 다른 관점에서 이렇게 말하고 있다.

"힘든 일을 전부 같은 상태로 하려고 한다면 그것을 계속 지속하는 것은 어렵습니다. 만일 장거리를 달리려고 한다면 보조를 조정하든지 바꾸든지 하지 않으면 안 됩니다. 한 가지 좋은 방법은 일을 시작하고 처음 세 시간 후에 10분이라도 좋으니까 변화를 주는 것입니다. 네 시간 후에는 그것을 5분간으로 해 봅시다.

'작업에 변화를'이라는 말을 잊지 마세요. 그것은 휴식이라는 의미는 아닙니다. 방법을 바꾸어도 같은 결과를 얻을 수 있고, 일을 완성하는 데 좀더 시간을 활용할 수 있게 됩니다."

만일 이 방법을 시도하려고 생각한다면 우선 자기의 일정을 바꾸는 방법을 찾아야 한다. 예를 들면, 만일 사무실에서 타이프를

친다면 재고품 목록과 또 다른 보고서를 교대로 치는 방법이다. 가령 가정에서 청소를 하는 경우에도 청소기구와 수리도구를 교대로 사용하는 것이다.

우리는 모든 일을 다 할 수는 없다.
We are not all capable of everything.
– 베르질리우스

창의력을 높이는 7가지 방법

1. 항상 새로운 것을 배우고 시도하라.

2. 고정관념에 도전하라.

3. 연습하고 또 연습하라.

4. 무엇을 배우든 쓸모를 강구하라.

5. 지식을 공유하라. 더 많은 지식을 얻게 된다.

6. 문제 해결책을 고르지 말고 새로 만들어 내라.

7. 머리를 써라. 머리는 자꾸 쓰면 좋아진다.

59

집중적 예정표

자투리 시간에 해야만 하는 일이 산더미처럼 있을 때에는 누구라도 좀더 시간이 필요하다고 소리치고 싶어진다. 그런 경우에는 토마스 J. 리프튼 회사의 사장인 로버트 B. 스몰우드의 제안을 시도해 보는 것이 좋다. 그는 이렇게 말한다.

"극단적으로 일이 쌓인 날에는 우선 아침밥을 든든하게 드세요. 그리고 점심식사를 오후 3시까지 미루세요. 이렇게 하면 일을 마무리짓기 위해 중단되지 않는 6시간을 사용할 수 있습니다. 아침 동안을 헛되이 보내거나, 바쁜 점심식사 시간에 식사 준비가 되기를 기다리다 지치거나, 점심식사 후의 볼 일로 정력을 빼앗기거나 하지 않게 됩니다. 이 정오 시간은 또 전화나 그 밖의 방해가 가장 적은 때입니다."

"반대로 만일 저녁때 해야만 하는 일이 많은 때에는 이번에는 점심식사를 천천히 많이 먹고 밤 8시나 9시까지 저녁식사를 미루세요.

이렇게 하면 교통이 복잡한 러시아워에 집에 돌아가지 않고, 사무실에서건 가게에서건 단출한 분위기에서 집중적으로 일할 수 있습니다. 물론 어떤 방해도 받지 않을 것입니다.

이런 방법으로 일을 진행하면 다른 방법으로 보통날에 이틀이나 사흘 걸릴 일을 하루에 끝낼 수가 있습니다. 물론 매일 이 같은 예정표에 따라 움직이는 것은 무리겠지만 이 예정표대로 일을 적당히 활용하면서 진행하면 크게 시간을 절약할 수가 있을 것입니다."

불분명은 무능력의 은신처이다.
Obscurity is the refuge of incompetence.
- R. A. 하인라인

60

일과를 빨리 마무리 할 것

리페어 서비스회사 사장인 시드니 D. 죠셉은 이렇게 말하고 있다.

"우리들은 모두 직장이나 가정에서 매일 같은 일을 반복하고 있습니다. 즉 일정한 일과를 갖고 있는데 이 같은 일을 통해서도 시간 절약을 배울 수가 있습니다. 만일 여러분이 일과를 신속하게 또는 효과적으로 처리하는 훈련을 한다면 보다 흥미롭고도 창조적인 일에 정력을 집중할 수 있는 여유가 생기겠지요.

일과를 빨리 끝내는 것은 이제까지 없었던 새로운 일을 할 경우에 상당히 도움이 됩니다. 사업에 성공한 사람들은 시간을 가장 교묘하게 활용하고 누구나 하는 일상적인 일 이상의 일을 한 사람들입니다. 항상 일상의 일을 재빠르게 완수하는 방법을 탐구하세요. 그리고 적어도 열흘간 그것을 시도해 보세요. 그렇게 하면 그 효과가 눈에 보일 테니까 말입니다."

61

방해되어 잃어버리는 시간의 처리

언론의 자유는 좋은 것이지만 사내의 사람이나 사외의 사람들과 회담을 하다가 보면 깜빡하는 동안에 꼬박 하루 동안 긴 회담을 하게 되는 곤란한 일이 있다.

사무에 숙달된 달레이 오디그래프 회사의 사람들은 그것을 피하기 위한 최선의 방법으로 의사들이 하는 방법을 따르고 있다고 한다. 즉, 방문자와의 면담은 매일 정해진 시간에 하도록 한다든지, 일주일 중 특정 요일에만 면회를 하도록 하는 것이다. 물론 아주 급한 면담의 경우에는 예외로 하고 말이다.

유능한 비서의 도움이 있으면 이 방법은 당신의 사무생활에 새로운 질서를 마련하고, 마찬가지로(이것 또한 중요하지만) 방문자의 시간도 절약하게 되는 것이다.

62

상대가 원하는 것을 파악하라

방문객과 함께 서로 시간 절약을 하는 최선의 방법의 하나는 미국 정신병학계의 제1인자 하리 스텍 설리번 박사가 제창하는 '질문법'을 활용하는 것이다. 설리번 박사가 말하는 방법은 이런 것이다.

"보통 면담을 요구하러 오는 사람은 확실하게 자신의 의견을 표현하지 못할지도 모르지만 아무튼 무엇인가를 마음에 품고 있다. 그 요점을 가능한 한 신속하게, 또 효과적으로 거론할 수 있도록 이끈다면 쌍방의 시간을 절약하게 된다. 상대가 무엇을 구하고 있는지 질문하는 것을 주저해서는 안 된다."

"여러분의 방문객은 가끔 자신이 무엇을 원하고 있는지 자기 자신도 정확히 모르고, 여러분에게 이야기를 들려 달라거나, 해결 방법을 암시해 달라고 요구한다. 그러나 이쪽에서 먼저 직접 묻는 방법에 의해 그가 보통 마지막까지 말하지 않는 것을 처음에 말하도록 만들 수 있다. 이렇게 함으로써 많은 시간이 절약되는 것이다."

경건하게 기도하되, 힘있게 두드려라.
Pray devoutly, but hammer stoutly.
- W. G. 베넘

63

긴 시간의 면회는 중지할 것

다음에 서술하는 것은 능률적으로 또 기분을 상하지 않도록 면회를 마치는 방법이다. 시간이 많이 지나면 일어서서 약간 농담조로 다른 볼 일이 기다리고 있다는 것을 알려주는 것도 한 방법이다.

또 방문자가 오래 면담하는 것을 좋아하는 손님이라는 것을 알면, 미리 이야기가 끝날 때를 가늠하여 비서에게 중단시킬 구실을 정해두는 것도 하나의 방법이다. 몇 분간밖에 시간의 여유가 없다는 것을 만나자마자 알려두는 것, 그리고 그것을 엄격하게 실행하는 것도 좋은 방책이다. 또 다른 방법은, 처음부터 손님을 추켜세우는 것이다.

방문자와의 면담을 신속히 끝내기 위해서는 의자를 불편하게 하는 것도 방법이다. 다시 말하면, 면담하는 장소는 별다른 장식

없이 작은 책상과 의자만을 놓아 간소하고 경쾌하게 꾸미는 것이다. 그런 분위기에서는 사무적인 이야기 이외에 더 이상의 이야기 꺼리가 떠오르지 않게 될 것이다.

의로운 사람만이 마음의 평화를 누린다.
Only the just man enjoys peace of mind.
– 에피쿠루스

64

중단되는 시간의 낭비를 줄일 것

① 만일 당신이 정말로 바쁜 때에 전화가 걸려오거나 문의 벨이
  울리는 일이 있으면 그것을 무시하라. 대개의 사람들은 필요
  에 따라 유효하게 스위치를 빼놓고 있다.

② 가장 방해가 되지 않는다고 생각되는 때를 활용하도록 일의
  예정을 세워라. 만일 필요하다면 점심식사를 보통보다 빨리
  하든지 늦게 하든지 해서 보통 식사시간으로 되어 있는 시간
  을 충분히 활용하는 게 좋다.

③ 수다를 떠는 방해자를 돌려보내기 위해서는 몇 번 정도 천장
  이나 창문 쪽을 보아라. 그들은 틀림없이 눈치챌 것이다.

좋은 대인관계를 위한 10계명

1. 가벼운 이야기를 항상 준비한다.
2. 내가 하고 싶은 얘기는 상대방의 얘기를 들어가며 나중에 한다.
3. 도움이 필요할 때는 당당하게 요청한다.
4. '안 된다' 대신 '노력하겠다', '잘 모르겠다' 대신 '한번 알아보겠다'고 말한다.
5. 결정을 강요하지 않는다. 마음이 움직일 때까지 기다린다.
6. 상황에 따라 말을 늘이기도 하고 줄이기도 한다.
7. 상대를 바라보며 말하고, 간간이 맞장구도 친다.

8. 때와 장소에 맞는 옷차림과 태도로 자신만의 스타일을 갖는다.

9. 거절할 때는 그 자리에서 정확하고 정중하게 한다.

10. 잘못한 일에 대해서만 지적하되, 개선의 여지를 준다.

65

시간을 뺏는 곤란한 사람을 만났을 때

댄스 교사인 아사 말레는 다음과 같이 말하고 있다.

"내 경험으로, 나를 곤란하게 하는 아는 사람을 만났을 때 자못 관심이 있는 듯이 보이게 하는 일만큼 괴로운 일은 없다. 게다가 귀중한 시간은 시시각각 지나간다. 이것에 대하여 나는 다음과 같은 사항을 제안하고 싶다."

"만일 당신이 길거리 같은 데서 누군가 시간을 낭비하는 그런 사람을 만나거나 할 경우에는 얼른 안경을 벗고 그가 보이지 않도록 급히 지나가라."

"만일 당신이 파티 등에서 시간을 많이 빼앗는 사람을 만나게 되면 이렇게 말하라. '아내를 집에 두고 왔는데 아무래도 몸이 안 좋기 때문에 즉시 돌아가야만 한다'고 말이다."

"만일 또 당신을 귀찮게 하는 남자가 따분한 듯이 혼잣말로 중

얼거리며 당신에게 중요한 할 말이 있다고 접근해 오면 계속해서 기침을 하거나 입을 손수건으로 가볍게 막으면서 어떤 구실을 붙여 머리를 흔들며 빨리 그 자리를 떠나가라."

우리는 잘 알지도 못하는 모든 사람들로부터 사랑을 받기위해 정말로 소중한 사람들과의 일에 소홀한지 돌아보아야 한다.

행동은 재빠르게, 생각은 천천히.
Act quickly, think slowly.
– 그리스 격언

상쾌한 기분으로 일을 시작하면

보통 때보다도 빨리 그리고 능숙하게

할 수 있다는 것은 별로 새삼스러운 이야기는 아니다.

그러나 그것은 결코 간단한 것은 아니다.

하지만 이제까지 생각해 낸 여러 가지 방법을

이용하면 두세 번은 기분을 전환할 수가 있다.

매일 수 차례에 걸쳐 청신(淸新)하고

발랄한 기분을 갖기 위해서는

그때그때 단 5~10분 정도의 시간을

필요로 할 뿐이다.

기분 전환법

66

하루의 출발은 상쾌한 기분으로

평범한 회사원 알 루이스는 거의 매일 출근시간 직전까지 늦잠을 자고 신문을 읽으면서 커피와 토스트로 아침을 때우고, 그리고 부인과 아이에게 손을 흔들며 허둥지둥 집을 나섰었다.

이것은 바쁜 하루의 출발로서는 기분이 상쾌하지 못하고 또 이같은 아침의 바쁜 출근 준비로는 기분을 새롭게 할 틈도 없는 것이다. 그래서 무거운 기분으로 안달하면서 하루를 보내게 된다.

그러나 알 루이스는 작년 봄부터 겨우 마음을 새로 일신하기로 결심하고 쉬운 것부터 우선 실천으로 옮겼다.

그는 아침식사가 끝나면 모든 일을 제쳐두고 우선 집안 정원을 매일매일 산책하게 되었다. 그러는 동안에 새삼 자기 집 정원의 모습이 끊임없이 변하고 있다는 것을 깨달았다. 이 발견은 우선 그의 기분을 무척 새롭게 했다. 또한 아침 산책을 시작한 이후 체중도

줄게 되었다.

　이렇게 해서 그는 완전히 새롭고 상쾌한 기분으로 회사에 나갈 수 있었고, 그 후부터는 보다 적은 시간에 보다 많은 일을 할 수 있게 되었다고 한다.

근면하면 하나님은 모든 것을 준다.
God gives all things to industry.
- T. 풀러

평생 건강을 위한 10가지 습관

1. 새벽에 자리를 박차고 일어나라.
2. 아침 산책을 생활화하라.
3. 부지런히 움직여라.
4. 범사에 감사하라.
5. 호기심을 유지하라.
6. 건전한 스트레스 해소책을 개발하라.
7. 세 끼 식사를 균형있게 하라.
8. 휴식 스케줄을 철저히 잡아라.
9. 건강과 성공의 친구를 만들어라.
10. 부모에게 효도하고 이웃을 사랑하라.

67

아침의 10분간을 유효하게 사용하라

아침에 참신한 기분이 되기 위해서 일부러 시골에 살 필요는 없다. 작은 새나 열대어에 취미를 갖고 불과 10분간이라도 좋으니까 그것들을 돌봐 주어라. 그리고 창문 밖에 작은 새장이라도 하나 매달아 놓고 그걸 보는 것으로 작은 위로를 가져라. 세계적인 고전을 읽어 하루를 시작하는 데 있어서 위대한 인물을 접한 감격에 젖어 보아라.

이런 것에 소요하는 10분간은 전원생활을 하는 것과 마찬가지로 기분을 일신하는 데 도움이 될 것이다. 그 밖에 기분을 일신하기 위해서는 클래식 음악을 들어도 좋고 혹은 또 천천히 산책하며 스쳐 지나가는 거리의 모습이나 시골길의 광경에 마음을 머물게 하는 것도 좋다. 어떤 때는 자연의 아름다움을 찬미하고 어떤 때는 쇼윈도에 눈을 멈추고, 또 어떤 때는 좀처럼 본 적이 없는 하늘을 우러러보는 것도 좋을 것이다.

68

오전 중의 기분 전환법

다음으로 오전 중에는 시간이 많이 지나고 나서 다시 10분 정도의 휴식, 그런 기분 전환법이 필요해진다.

예를 들면, 미시간 주의 어느 시장은 시청의 모든 과장에게 30분간은 충분히 '명상'을 하여야 한다고 규칙으로 정해 놓았다. 그들은 이 명상시간 동안은 아무것도 하지 않고, 전화가 걸려와도 받지 않으며, 사람이 찾아와도 일체 응하지 않고 단지 기분을 가라앉히고 머리를 식히기 위해 이 시간을 이용하는 것이다.

청소기의 설계자이고 동시에 제조업자이기도 한 알렉스 류위트는 점심식사 시간을 이 목적을 위해 이용하고 있다. 그는 언제나 그의 방에서 혼자서 식사를 한다. 이 동안 그는 전화나 방문을 일체 사절하고 완전히 심신을 쉬고 있다.

그는 여러 가지 방해물로부터 멀어지면, 사물을 객관적으로 생

각할 수가 있고 이제부터의 활동에 관해 여러 명안이 떠오른다고
말하고 있다.

세상은 어디 가나 마찬가지이다.
The world is much the same everywhere.
- J. 레이

69

오전 중의 차 마시는 시간

대략 3,500만 명에 이르는 미국 직장인의 약 5분의 3은 매일 각자 정해진 시간에 차를 마신다.

시사문제 해설자인 에드워드 R. 마로우는 한 잔의 커피가 기분을 상쾌하게 해준다고 말하고 있다. 또 디자이너인 소피는 한 잔의 커피를 마시면 상당히 기운이 나고 생각이 섬세해지며, 특히 창조적인 일을 하는 데 도움이 된다고 보고하고 있다. 또 배우인 찰스톤이나 샤를르 보와이에는 기분을 일신하기 위해서 연습을 중지하고 커피를 마시고 있다고 말한다. 테스트 파일럿의 리루 몬크톤도 샌드 제트기의 시험비행을 하기 전에는 반드시 커피를 마시고 있다.

커피를 마시는 습관은 원래 제2차 세계대전 직후부터 시작되었다. 많은 회사들이 오전 중 10~15분의 차 마시는 시간으로 인해 생산이 늘어났으며, 결근과 노동자의 이동도 적어졌다 한다.

성공을 위한 습관

녹차의 효능 10가지

1. 항암 효과가 있다.
2. 노화를 억제한다.
3. 성인병을 예방한다.
4. 비만을 예방한다.
5. 중금속과 니코틴을 해독한다.
6. 피로 회복과 숙취 해소를 한다.
7. 변비를 치료한다.
8. 충치를 예방한다.
9. 체질의 산성화를 예방한다.
10. 염증과 세균 감염을 억제한다.

70

휴식은 활기를 되찾게 한다

코카콜라의 종업원들은 1929년 이래 '휴식은 활기를 되찾게 한다'는 슬로건을 내걸고 있다. 그들은 일 도중에 잠깐 휴식하는 것은 심리적으로도 육체적으로도 능률을 증진시킨다는 것을 과학적으로 입증함으로써 코카콜라를 세계적인 기업으로 부상시킬 수 있었던 것이다.

애틀랜틱 제강회사의 사장 R. F. 린치는 이렇게 말한다.

"나는 코카콜라의 냉각기를 한가운데에 설치하고 그 주위에 공장을 짓고 싶다고 생각할 정도입니다. 이런 종류의 청량제가 일하는 사람에게 있어서 얼마나 중요한지 역설하고 싶습니다."

제2차 세계대전 중 국민이 모두 군수품 생산에 동원되고 있을 때에도 이런 종류의 청량음료 생산은 제1순위였다. 이것은 노동자에게 5분이나 10분이나 15분간의 휴식시간을 주면 피로는 감소하고 생산성이 높아진다는 것을 인정했기 때문이다.

모든 사람은 각자의 카누를 저어 간다.
Every man paddle his own canoe.
– F. 메리어트

71

점심식사에 의한 기분 전환법

자기 책상 위에서 샌드위치로 점심식사를 때우는 사업가나 부엌에서 요리를 하면서 식사를 하는 주부들은 기분을 일신해서 좀 더 능률을 올린다는 것이 불가능하다. 밖으로 식사를 하러 나가는 것은, 마음을 느긋하게 가지게 할 뿐 아니라 환경을 바꿈으로써 일의 능률을 높이기도 한다.

대부분의 학교나 대학에서 학생들은 규칙적으로 심호흡을 함으로써 상당히 기분이 전환된다는 사실을 인정하고 있다.

우리들의 대부분은 그다지 신선한 공기를 접할 기회가 없다. 오늘부터 잠깐 동안이라도 신경을 써서 하루 중 오전과 오후에 한두 번 정도 신선한 공기를 접하기 위해서 휴식을 취하라. 특히 환기 장치가 없는 장소라든가 공기가 잘 통하지 않는 방에 있는 경우에는 이것이 필요하다.

요즘 우리들은 너무나 옷을 두텁게 입고 방을 너무 따뜻하게 하려고 하기 때문에 옷을 두껍게 입고서도 방의 온도를 높여 놓아 도리어 일의 능률을 저하시키는 결과를 낳고 있다.

활기를 되찾기 위한 방법 10가지

1. 물을 마셔라(Drink water).
2. 당과 단순 탄수화물 음식을 피하라(Avoid sugar and simple carbohydrates).
3. 적게 먹으라(Eat small meals).
4. 표준 형광등을 교체하라(Get rid of standard fluorescent lights).
5. 걸어라(Take a walk).
6. 명상을 하라(Meditate).
7. 비타민을 섭취하라(Take your vitamins).
8. 음악을 들어라(Listen to music).

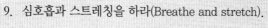

9. 심호흡과 스트레칭을 하라(Breathe and stretch).

10. 부정적인 상황을 잘 다루라(Handle negativity).

72

스트레칭에 의한 기분 전환법

조용한 명상 혹은 긴장된 근육을 풀어주는 스트레칭을 위해 사소한 시간을 할애하는 것은 기분 전환에 상당히 효과가 있다.

매일 몇 분간씩 당신의 정신을 깨끗하게 하는 습관을 길러 두는 것은 당신이 혹 어떤 곤란에 처할 경우 평정한 태도를 유지하는 데 도움이 된다.

학자들은 일찍이 이것을 실행하고 있다. 분석이라든가 설명하는 것만으로는 불충분하다. 우리들이 진정한 용기와 박력을 갖고 일에 임하기 위해서는 정신과 몸을 신선하게 유지하려는 노력이 있어야 한다. 명상과 스트레칭은 좋은 방법이 될 것이다.

73

하루가 끝났을 때의 기분 전환법

하루의 일을 마친 후에 당신의 기분을 모든 것에서 해방하고, 숙면을 취하기 위해 그 날에 일어난 복잡한 문제를 깨끗하게 씻어 버리는 것도 좋은 일이다. 그러한 문제를 어중간한 채로 마음에 담아두지 말고 가능하면 솔직하게 모든 것을 고백하는 게 좋다. 침대에까지 긴장감을 가지고 가지 않도록 해야 한다. 침대에서의 긴장감만큼 휴식을 방해하는 것은 없다.

74

낮잠의 효용

루즈벨트 대통령은 점심식사 후 30분간의 낮잠은 아침에 일어나기 전 세 시간의 수면에 해당된다고 말하고 있다. 그는 이 낮잠 덕분에 매일 두 시간이나 길게 일을 할 수 있는 것이다.

트루먼 대통령도 같은 생각으로 언제 어떤 장소에서도 토막잠을 잘 수 있는 방법을 몸에 익혔다. 관저에 있는 경우에도 트루먼 대통령은 촌음을 훔쳐 잘 졸았던 것이다. 특히 중요한 연설을 하기 전에는 그랬다. 불과 15분에서 30분간의 수면에 의해 원기를 회복하고 두 시간의 긴 연설이나 회의를 진행했다.

윈스턴 처칠 경도 오랫동안 침대에서 낮잠 자는 습관을 들여 왔다. 처칠은 토막잠이나 안락의자에 기대어 자는 잠을 싫어했다. 그는 잠에서 깨어 눈을 뜰 때 묘안을 생각해내고 재빨리 머리에 떠오른 생각을 정확하게 그 장소에서 포착할 수 있었던 사람이다.

성공을 위한 습관

매일 실천하는 5가지 건강 습관

1. 하루에 한 번 변을 본다.
2. 하루에 열 번 활짝 웃는다.
3. 하루에 백 자 이상 자신만의 생각을 기록한다.
4. 하루에 천 자 이상 책을 읽는다.
5. 하루에 만 보 이상 걷는다.

75

즉시 잠들 수 있도록 훈련을 쌓아라

즉시 잠을 잘 수 있도록 습관을 기르는 것은 쉬운 일이 아니다. 그러나 한번 그것을 몸에 익히면 상당한 시간이 절약된다.

예를 들면, 토마스 에디슨은 하루에 서너 시간밖에 자지 않는 습관을 들였는데 그는 어디에서든지 즉시 잘 수가 있었기 때문에 대개 낮 동안에 두세 시간의 낮잠을 잤다.

델레스 국무장관은 그의 정력의 원천은 베를린이든, 버뮤다든, 또 2만 피트의 상공이든 어디서든지 어린아이들같이 푹 숙면할 수가 있기 때문이라고 했다. 바다를 건너 회의하러 가는 비행기 안에서조차 그는 누우면 즉시 모든 근심 걱정에서 떠날 수가 있었다.

하루의 일을 마치고 집에 돌아가서도 새로운 기분으로 저녁시간을 맞이하는 것이 좋다. 설령 밤중에 외출 예정이 없는 경우라도 10분이나 15분 정도 자기 집의 조용한 방에서 손·발을 마음껏 펴

보는 것도 상당히 효과적인 일이다. 그리고 평상복으로 갈아입고 밤중에 활동을 준비한다.

또 어떤 사람은 10분 미지근한 탕 속에 몸을 담그고 쉬기도 한다. 또 어떤 사람은 샤워가 좋다고 한다. 하여튼 어떤 방법으로든 10분 정도 이같이 휴식을 취하면서 저녁식사 때에도 또 밤중의 일에도 새로운 기분으로 모든 일을 접할 수가 있다.

습관은 천성보다 더 강하다.
Habit is stronger than nature.
- O. C. 루푸스

76

숙면은 시간을 절약한다

　뉴욕에서 '낮잠방'을 경영하고 있는 노만 다인은 여가를 많이 만들기 위해서는 수면 시기를 조정해서 휴식 능력을 높이고, 자는 시간을 단축해 깨어 있는 시간을 길게 하지 않으면 안 된다고 말하고 있다.

　그는 어느 모범적인 중역을 예로 들어 말한다. 이 중역은 아주 바쁜 때에는 밤에 네 시간밖에 자지 않고 낮 동안에는 두 시간마다 15분씩 수면을 취하고 있다. 결과적으로 그는 수면 시간을 여섯 시간으로 단축시켰고, 깨어 있는 18시간 동안에는 끊임없이 힘든 일도 참아낼 수 있었다.

　그는 두세 시간 자면 새로운 기분으로 네 시간 일하고, 그리고 또 두 시간 후에 자는 식으로 반복해서 능률을 올리는 것이다. 그는 이렇게 말한다.

"긴장감이 풀리고 기분을 완전히 새롭게 할 수가 있죠. 나는 이 렇게 해서 보통 수면시간을 5시간으로 단축하고 하루 3시간을 여 분으로 벌고 있어요."

77

수면 시간을 가능한 한 짧게 할 것

레브하 프리만 출판사의 회장이며 『시간의 이용법』의 저자인 고드프리 M. 레브하의 말에 의하면, 일반적으로 사람들은 필요 이상의 수면을 취하고 있다고 한다. 물론 이 점에 관하여 원칙이라는 것은 없고 같은 종류의 일에 종사하고 있는 사람들마저도 수면 시간은 제각기 다르다.

대체 어느 정도의 수면이 필요한가 하는 것은 그 사람의 체질이라든가 직업, 습관에 따라 다르다. 역사상 위대한 인물 중에는 보통 사람들이라면 7~9시간의 수면을 필요로 하는 경우라도 하루 4~5시간으로 충분했던 사람들이 많다. 누구라도 신체에 장해를 미치지 않을 정도의 최저 필요 수면시간을 측정할 수 있으며 그것을 지키면 된다. 육체적·정신적 휴식에 필요한 한도 이상으로 수면을 취하는 것은 일종의 방종이고, 결과적으로 과잉 수면이며, 그 시간만큼 당신의 인생은 짧아지는 것이다.

훌륭한 정신은 찌꺼기의 겉치레에 굽히지 않는다.

A golden mind stoops not to shows of dross.

– 셰익스피어

잠 잘 자는 방법 8가지

1. 오른쪽으로 눕되, 두 다리를 약간 굽히고 잔다. 소화가 잘 되고 혈액 순환에 좋다.
2. 화를 내거나 걱정하는 채로 잠들지 않도록 한다.
3. 잠자리에 누워 책을 읽거나 텔레비전을 보거나 이야기를 나누지 않는다.
4. 잠자기 전에 음식을 먹지 않는다.
5. 머리를 창문 쪽으로 두고 잔다.
6. 입을 벌리고 자지 않도록 한다.
7. 이불을 머리 끝까지 덮지 않되, 꼭 덮도록 한다.
8. 베개의 높이는 반 뼘 정도가 바람직하다.

인생관이나 습관은

단시간 동안에 얼마나 많은 일을 하는가에

큰 영향을 미친다.

이것은 내가 지금까지 서술한

그 모든 것과 부합된다.

본 장에서는 일에 성공한 사람들은

어떤 방법으로 의지의 힘을

단련시켰는지를 살펴봄으로써

실질적인 교훈이 되도록 하였다.

CHAPTER

6

인생관과 습관

78

의욕이 생기지 않는 경우

정력적인 사람들에게 있어서는 매일 한 시간 정도 여분으로 일하는 것은 대단히 좋은 일일지도 모른다. 그러나 왠지 일하고 싶지 않은 경우 대체 어떻게 하면 좋을까?

대부분의 사람들이 그런 기분을 가진 적이 있을 거라고 생각되는데, 그러나 그런 기분이 자주 일어난다면 그 근본 원인은 피로라기보다는 오히려 게으르고 태만한 성격에 있을 것이다.

피로와 태만이 현상적으로 동일한 점은 자주 있지만 그러나 이두 가지 사이에는 근본적인 차이가 있다. 피로라는 것은 대개의 경우 힘을 다해 일한 후의 결과이다.

그것은 일을 한 후에 생기는 것이고 결코 일을 하기 전에 생기지 않는다. 만일 당신이 근육을 움직이거나 무언가를 쓰거나 하기전에 하기 싫은 느낌이 든다면 그 책임은 건강에 있는 것이 아니라 당신 정신에 있는 것이다.

관습은 무엇이 좋은가 결정한다.

Custom determines what is a agreeable.

– 플라우투스

79

적극적으로 자신을 각성시킬 것

　　내성적인 성격과 외향적인 성격은 양자택일의 충돌관계이지만 서로를 보완하는 관계가 될 수도 있다. 평가하고 분석을 할 때는 내성적인 성격이 신중함에 유리하고 결정하고 집행할 때는 외향적인 성격이 적극성에 유리하다. 대부분의 우리 내부에는 양면성이 존재한다. 상황에 따라 더 필요한 측면을 의식적으로 각성시켜야 한다. '나는 원래 이런 성격이야' 라고 생각해 버리면 과거의 관성대로 살게된다. 변화가 필요하다면 불편하더라도 이성적이고 의식적인 작용이 필요하다.

칭찬을 잘 하는 10가지 방법

1. 즉시 칭찬하라.
2. 구체적으로 칭찬하라.
3. 공개적으로 칭찬하라.
4. 과정을 칭찬하라.
5. 친밀감을 갖고 칭찬하라.
6. 진실한 마음으로 칭찬하라.
7. 발상을 전환하여 칭찬하라.
8. 칭찬할 수 없을 때는 격려하라.
9. 난처한 일이 생기면 화제를 돌려라.
10. 자신을 칭찬하는 습관을 들여라.

80

현재의 일에 흥미를 갖기 위해서는?

만일 여러분들이 따분하고 지겨운 일을 멋지고 재미있는 것으로 생각하게 되는 확실한 방법을 알고 있다면, 하룻밤 동안에 큰 재산을 만들 수 있을지도 모른다.

결코 쉬운 것은 아니지만 극히 간단한 해결 방법이 있다. 일을 완수하는 능력을 높이는 것이다. 이 방법을 몸에 익히기만 하면 당신도 지금 자신이 하고 있는 일에 관하여 진짜 취미를 갖게 될 것임에 틀림없다.

일을 완수하는 능력을 갖게되면 여유를 가지고 다른 차원에서 일을 바라보게 될 것이다. 이는 자신이 하는 일의 의미를 새롭게 하고 창의적인 시각을 가지게 된다. 창의적 시각은 당신의 일에서 전에는 몰랐던 흥미를 불러일으킬 것이다.

81
어떻게 하면 열의를 가질 수 있을까?

흥미보다도 한 단계 높은 것은 열의다. 모든 일에 대하여 열의를 가질 수 있고 모든 일에는 그런 성질이 내재하고 있음을 인지한다면 '열의를 갖는다'는 것은 그렇게 어려운 일은 아닐 것이다.

정신병리학자들은 사람들이 무엇을 하든 열의를 갖고 한 경우에 보통 10분의 1 정도의 피로감밖에 생기지 않는다고 말하고 있다. 열의를 용솟음치게 하는 최선의 방법은 주어진 어떤 일을 무조건 실행해 보려는 의욕으로 접하는 것이다.

일을 하는 데에도, 일을 생각하는 데에도, 또 새로운 방법을 시도하는 경우에도 흥미를 갖도록 해라. 왜냐하면 일이라는 것은 그것을 사랑하는 마음이 없으면 오래 계속할 수 없기 때문이다.

일을 하는 경우 자극이 되는 것은 정복하는 것이 아니고 탐구하는 점에 있다. 남에게 칭찬받기 위해서가 아니라, 그 노력에 대한

만족감, 완성한 순간의 성취감을 느끼기 위해서 일하도록 하라.

악한 이웃은 악운을 가져다 준다.
A bad neighbor brings bad luck.
- 플라우투스

성공적인 삶을 향한 9가지 자세

1. 가능한 한 모든 것을 배워라.
2. 뛰어나게 기여하라.
3. 네트워크를 확장하라.
4. 절약하고 저축하라.
5. 민첩하게 행동하라.
6. 긍정적인 사고방식을 가져라.
7. 적극적인 이미지를 창조하라.
8. 유연하게 사고하라.
9. 훌륭한 성품을 계발하라.

82

자신에게 자극을 주어라

줄에 매단 당근이나 개 경주 코스에 만들어 놓은 토끼 인형은 말이나 경주용 개에게 일종의 자극을 준다. 잘 길들여진 바다표범도 곡예를 하기 위해서는 물고기를 필요로 한다.

우리들은 모두 무언가 실질적인 보수라는 자극을 주면 짧은 시간 내에 많은 일을 해낸다는 것을 알고 있다. 보수는 특별히 돈일 필요는 없다.

이 자극이라는 것은 단지 일을 빨리 끝내서 좋을 뿐만 아니라 무언가 이익이 돌아오는 — 그런 식으로 스스로 무언가 보수를 정해 일을 빨리 하자. 그리고 일이 끝나면 그 보수를 기꺼이 받아내자.

83

일을 적극적으로 생각하자

"해야 할 일이 있으면서도 불평만 늘어놓으며 빈둥거리는 것은, 마법을 써서 하면 얼마나 즐거울까 하고 꿈꾸는 것과 똑같은 어리석은 일이다."라고 비치너드 파킹 회사의 부사장인 칼 W. 러비는 말하고 있다.

"일을 재빨리 기교적으로 해치우고 싶다면 '이것이야말로 내가 꼭 해야하는 일이다.'라는 생각을 끊임없이 가져라. 일을 수동적이 아니라 능동적으로 생각하는 것이다. 능동적으로 생각하는 것은 몽상이 아니라 현실적인 사고로 생각만 하던 일을 반드시 완성하는 적극적인 사고방식이다."

사고를 적극적으로 하기 위해서는 어떤 것이 필요할까? 그 중요한 마음가짐을 살펴보자.

① 각각의 목적을 달성하기 위한 단계를 미리 계획적으로 생각
   하라.
② 일을 있는 그대로 받아들이고 희망적으로 생각하라. 틀렸다
   고 깨달은 경우에는 어떤 점이 잘못됐는가를 확실히 분석해
   서 두 번 다시 반복되지 않도록 하라.
③ 상사나 가족들의 결점을 찾거나, 경쟁 상대나 주위의 조건을
   들추어내어서 그걸 핑계로 삼지 말고, 그보다도 매일의 일과
   에서 경제적 · 능률적인 방법을 연구하길 바란다.

84

그 장소에서 즉시 실행하자

꾸물꾸물거리는 것은 가장 시간을 낭비하는 것이다. 정도의 차이는 있으나 사람들에게는 일을 미루고 싶어하는 성질이 있다. 지금 바로 하지 않으면 안 되는 일도 무언가 구실을 붙여 미루려고 한다.

미국 가톨릭 교주의 지도자로서 정력적인 활동을 계속하고 있는 페르만 씨는 보통 실업가라면 2개월에 손들고 말 바쁜 생활을 하고 있는데, 그는 시간을 절약할 여러 가지 연구를 실행해 성공하고 있다. 그는 무슨 일이나 지금 바로 할 수 있는 일만큼은 빨리 해치우는 것을 신조로 하고 있다. 그가 쓴 『오늘의 행동』이라는 책은 그의 동료들 사이에서 그리고 그의 관할 구역의 교우들 사이에서까지 하나의 좌우명으로 '지금 바로 행동한다'는 경구를 주된 내용으로 하고 있는 것이다.

80/20의 법칙을 기억하라

- 20%의 인구가 80%의 돈을 가지고 있다.
- 20%의 노동자가 80%의 일을 하고 있다.
- 전체 제품 중 20%의 품목에서 전체 매출액의 80%가 나온다.
- 전체 고객 중 20%가 전체 매출액의 80%를 구매한다.

80/20 법칙의 요점은 '핵심적인 소수가 큰 일을 하고 있다'는 점이다. 그것은 다음과 같은 실천을 강조한다.

① 가장 잘 할 수 있는 부분에만 집중하라.

② 여유시간에 대한 죄의식을 버려라.

③ 가치가 낮은 활동을 중단하라.

85

인사했으면 즉시 돌아선다

시간을 낭비하게 하는 가장 큰 원인의 하나는 바로 '안녕'이라고 말하지 않는 것에 있다. 처음에 "슬슬 가야죠." 하고 말하고 나서 실제로 현관에 나와 자기의 차를 탈 때까지 보통 쓸데없이 한 시간 정도를 소요한다. 대개의 경우 이 마지막 시간에 다시 지금까지 말한 것을 되풀이하는 바람에 시간이 낭비되는 것이다.

인간은 사회에 맞도록 형성되었다.

Man was formed for society.

– W. 블랙스톤

86

"아뇨"라고 말하는 것을 잊지 말자

사람과 교제하는 데 있어서 시간을 절약하기 위해 "아뇨"라는 말을 기억하는 것도 좋은 방법이다. 어떤 일에나 "예, 예."라고 하면 나중에는 자기 자신이 혼란스러울 뿐이다.

"아뇨"라는 말을 기억하는 것은 단지 좀더 중요하다고 생각되는 일을 위해 시간을 절약할 수 있을 뿐만 아니라, 어떤 의미에서는 자신의 생활에 대해 강한 지향을 갖게 된다. 이것은 "아뇨"라는 말을 기억해야만 가능한 일이다.

바쁜 사람은 시간을 계획적으로
사용하기 위해 연구를 한다.
특히 비즈니스맨들은 시대에
뒤떨어진 느린 기기나 설비의 사용이
시간 낭비를 초래함을 잘 알고 있다.
좀더 근대화된 설비를 갖고 있는 경쟁 상대는
신속하게 최대한 능률을 발휘해
목적을 달성하고 있기 때문이다.
이와 마찬가지로 빈틈없는 기업에서는
자신의 사무실에 시간절약 기술을 도입해 놓고 있다.

시간 관리의 도우미들

87

전화의 효용

집에 있을 때든, 일을 하고 있을 때든, 전화라는 것은 근대 문명이 낳은 최대의 시간 절약자인 동시에 최대의 시간 낭비자이다.

부동산업자인 거물 윌리암 제켄들프는 가장 바쁜 전화 이용자의 한 사람이다. 그는 수백만 달러에 이르는 많은 사업상 매매를 전화로 하기 때문에 밤낮없이 거의 전화를 사용하고 있다. 기차 안에서도, 배 안에서도, 식탁에서도, 이발소의 의자에서도, 풀장에서도, 게다가 그의 자동차에 매달려 있는 전용 전화에서도 계속 전화를 건다.

"물론 보통 사람보다는 전화를 걸 필요는 훨씬 많다. 내게 전화는 필수적이다."라고 말한다.

"게다가 세상에는 시간을 절약하기 위해 전화를 이용하지 않고 거꾸로 전화에게 사용당하고 있는 사람들이 많이 있다."

88

전화로 직접 상대를 불러내라

학교, 정부기관, 공공기관, 상점 등과 이야기를 하기 위해서는 직접 상대에게 전화를 걸도록 해라. 직접 만나 이야기를 들으면 시간이 걸리는 일이라도 전화 한 통으로 볼 일을 볼 수 있는 경우가 자주 있다. 전화를 걸 경우에는 다음 사항을 지키도록 하라.

① 직접 상대를 부르도록 해라. 어느 특정 문제에 관하여 그걸 잘 아는 사람과 직접 이야기를 하고 싶다는 것을 확실히 전해라.

② 당신이 이야기하고 있는 상대의 이름을 확실히 기억해 두어라. 그리고 다음 기회를 위해 그 이름을 메모해 두고, 예를 들면, "쇼우 씨, 어떤 것일까요?"라고 그 이름을 대화 중에 사용하여라. 이렇게 하면 더욱 친밀감을 느끼게 할 수 있어 도

움이 되고 필요로 하는 정보를 한층 빨리 얻을 수 있다.

③ 듣고 싶다고 생각하는 것을 미리 기록해 놓았다가 용건이 끝나는 대로 지워 나가라.

④ 마지막으로 주의를 해야 할 것은, 당신이 왜 그것을 알고 싶은가 하는 것에 관하여 그 이유를 너무 자세하게 설명하지 않는 것이다. 알고 싶다고 생각하는 것을 가능한 한 간결하고 솔직하게 얘기하라.

위대한 행동은 위대한 정신을 말해 준다.
Great actions speak great minds.
- J. 플래처

89

일정한 시각에는 전화를 거절해라

당신은 아무 때나 당신의 개인 사무실이나 집에 사람이 들어오는 것을 허락하지 않고 있는데, 어째서 전화는 언제든지 응해 주는가? 설령 방에 있는 경우에 전화가 걸려와도, 때로는 '회의중'이라든가 '아프다'라든가 '부재중'이라고 하며 거절하고 있는가?

평론가인 알 윌슨의 이야기에 의하면, 여자 스케이트계의 1인자인 소니아 헤니는 다른 곳에서 전화가 걸려오면 목소리를 바꾸고 끊어 버린다. 아무 볼 일도 없는데 단지 이야기하고 싶어 전화를 걸어오는 경우에 한해서 그녀가 취하는 방법이다.

또 하나의 좋은 방법은 자신이 스스로 전화를 걸 상대의 바쁜 시간과 바쁘지 않은 시간을 구분해 시간표를 만들어 두는 것이다. 또 자신의 전화번호에 기록해 두는 것도 좋다. 식사 전후나 식사 중, 또는 특별한 일로 바쁘다고 생각되는 때는 결코 전화를 받지 않는다.

　만일 당신이 바쁜 때에 전화가 걸려 왔다면 바쁜 이유를 설명하고 양해를 구하는 것이 예의이다.

최상의 소식은 무소식이다.
The best news is when we hear no news.
– D. 럽던

90

자기 전용 전화번호부

전화번호를 체계적으로 분류해 놓으면 번호를 잘못 누르거나, 번호를 찾는 데 귀중한 시간을 낭비하는 일은 거의 없다.

뉴욕 전화 회사의 추정에 의하면 100번의 통화 중 반드시 한 통화는 잘못 걸린 전화라고 한다. 뉴욕에서만 하루 대략 1,700만 번의 수화기를 든다고 하니, 틀린 번호 때문에 하루에 몇 번 쓸데없는 전화를 걸고 있는지 알 수 있을 것이다. 만일 전화를 잘못 걸었다면, 수화기를 찰칵 놓는 것보다는 상대에게 미안하다고 사과하라.

"그곳은 몇 번입니까?"라고 되묻는 시간을 낭비하는 것도 어리석은 일이다. 빨리 사과하고 수화기를 놓는 것이 좋다.

91

농담은 삼가자

시간을 절약하기 위해 실제 도움이 되는 것이라고 하면 낮 시간에 친구나 동료와 쓸데없이 오래 통화를 하지 않는 것이다. 골프의 승부가 어떻다든가, 브리지(카드의 일종)의 득점이 어떻다든가 하는 쓸데없는 이야기는 일체 그만두는 것이다.

예를 들면, 제한 시간을 5분이라고 정하고 그 때가 오면 "유감스럽지만 이 이야기는 그만 해야겠어요." 하고 말해라.

예의는 참으로 허물을 덮어 주는 것과 같다.
How courtesy would seem to cover sin!
– 셰익스피어

92

전화를 설치하는 장소를 검토해라

휴대전화가 많이 보급되었지만 영업상의 이유 등으로 여전히 일반전화가 필요한 경우가 많다. 그런데 전화가 불편한 장소에 있으면 쓸데없는 거리를 걸어야만 하고, 시간을 낭비하게 된다.

전에 살고 있던 사람의 편리함 때문에 설치해 놓았던 전화를 그대로 사용하는 사람이 많은데, 전화의 설치 장소는 의외로 중요한 것이다. 만일 전화를 몇 대 놓는 것이 사치스럽다고 생각되는 경우에는 한 선으로 여러 대 쓸 수 있도록 설치하는 것이 좋다.

93

이메일을 유용하게 이용하라

    통신 연락 중에서 시간과 비용을 가장 절약할 수 있는 것이 이 메일이다. 업무상이든, 개인적인 일이든 아무리 떨어져 있어도 문의에 대한 대답을 즉시 들을 수 있기 때문에 시간 절약이라는 차원에서 몇 분, 몇 시간, 때로는 며칠을 절약할 수 있는 경우도 있다.

    이메일을 유용하게 이용하면 세일즈맨은 국내뿐만 아니라 해외까지도 담당하는 것이 가능하고, 비즈니스 상담시에도 보다 분명하고 구체적으로 의사소통을 할 수 있다.

94

전화할 때 지켜야 할 예절

전화의 사용법에 관해서는 회사에서도 시간 절약을 위해 다음 같은 훈련을 실시하고 있다.

① 우선 전화번호를 정확하게 누를 것

② 전화벨이 울리면 바로 받을 것

③ 전화를 걸 경우, 상대가 전화를 받을 때까지 열 번 정도 벨이 울릴 때까지는 기다릴 것

④ 전화를 걸었을 경우 자신을 분명히 밝히고, 받을 때도 회사 명이나 집의 이름을 밝힐 것

⑤ 만일 용무가 있는 상대가 부재중이었다면 자신의 전화번호 와 이름을 말해 둘 것

⑥ 발음을 정확하게 하라. 상대가 알아들을 수 없을 정도로 빨

리 말하지 말 것

⑦ 전화 옆에 메모지와 필기도구를 놓아 둘 것

⑧ 이야기를 마칠 때에는 적당한 인사를 한 후 끊을 것

말을 조심하라. 벽에도 귀가 있다.
Take heed what you say. Wall have ears.
- J. 셜리

95

시간 절약이 되는 문자 메시지

휴대전화가 보편화된 요즈음, 전화 통화와 함께 문자 메시지는 또 하나의 시간 절약 도우미이다. 문자 메시지는 상대방이 통화중일 때에도 신속하게 도착되며, 전달하고픈 내용을 확실히 전달할 수 있다.

컴퓨터나 인터넷으로 이메일을 보낼 수 없을 때에도, 휴대전화만으로도 전화 통화는 물론 문자 메시지를 통해 보다 정확한 의사소통이 가능하다. 상대방이 통화중이라 하더라도 의사전달을 할 수 있다. 또한 문자 메시지를 원하는 날짜와 시간에 상대방에게 도착하도록 지정한다든가, 일정 기간 주고받은 메시지만을 따로 저장하여 문서화하기도 한다.

사고 확장을 위한 5가지 독서 방법

1. 관심 분야별, 기간별 독서 계획을 세운다.
2. 관심 분야의 쉬운 책에서 시작하여 전문적인 책까지 섭렵한다.
3. 책을 읽으면 독후감을 기록하고 내용을 정리한다.
4. 책을 통해 얻게 된 전문지식을 다른 사람과 공유한다.
5. 자신만의 언어로 책을 저술한다.

라틴아메리카에는 재미있는 건배 인사말이 있다.

"건강과 돈, 그리고 생활을 즐기는 시간이 주어지길."

여가를 즐기기 위한 시간을 갖는 것은

인생에 있어서 중요한 목적의 하나다.

내가 이 책을 쓴 것도 이 목적을 달성하기 위해

도움이 되었으면 하는 마음에서이다.

지금 바로 당신이 하고 싶다고

생각하는 것을 쓰고 목표를 정해라.

될 수 있는 한 자세하게 써라.

이렇게 하면 실제로 시작하기 전보다

목표를 정함으로써 훨씬 여유가

생겼음을 느끼게 될 것이다.

어떻게 하면 시간을 절약해

여가를 즐길 수 있는지 알아보자.

CHAPTER

8

여가의 이용법

96

관심을 확장할 것

당신이 관심을 넓게 가지면 가질수록 생활에서의 수확은 더욱 많아진다.

당신이 갖고 있는 모든 재능이나 창조력을 동원해 발전시켜라. 그리고 그것을 어떻게 하면 넓혀 갈 수 있는지 생각해 보아라. 게다가 당신이 새롭게 발견한 시간 중의 약간을 그것을 위해 사용할 것을 결심해라.

97

사회적인 활동

당신이 어디에서 생활하고 있든지 그곳에는 무언가 사회적인 활동의 여지가 있을 것이다. 당신은 그 활동에 참가하여 남을 위해 봉사함으로써 자기 자신의 관심을 넓혀 갈 수 있을 것이다.

자신의 시간과 노력과 창조력의 일부가 이러한 활동을 위해 쓰여진다는 것을 기억해라. 이것은 아마 당신에게 있어서 가장 수확이 많은 노력의 하나가 될 것이다.

자연은 거짓말을 용납하지 않는다.
Nature admits no lie.
- T. 칼라일

98

취미를 가질 것

취미라는 것은 멋진 활동의 하나이다. 이 취미를 위해 바친 노력은 한층 많은 수확을 가져다준다.

단순한 오락으로 여기지 말고 의욕적인 마음가짐으로 끈기를 가져라. 미술, 회화, 문학, 사진 등에 관해 당신의 마을에서 하고 있는 강좌 등을 이용할 것을 생각해라.

눈보다는 귀로 아내를 선택하라.
Choose a wife rather by your ear than your eye.
- T. 풀러

성공을 위한 습관

생활에 활력을 주는 7가지 취미

1. 돈이 생기면 우선 책을 사서 틈틈이 읽어라.
2. 악기 한 가지는 연주할 수 있도록 배워라.
3. 일주일에 한두 번은 아침 산책을 하라.
4. 일 년에 한두 번은 좋은 음악회에 가라.
5. 한 달에 한두 번은 산을 찾아 가라.
6. 평소에 컴퓨터를 잘 활용하도록 배워라.
7. 일주일에 한두 번은 일기를 써라.

99

쓰기에 취미를 가질 것

무엇을 쓰는 것에 흥미를 느끼는 사람이 차츰 늘고 있다. 오랫동안 소식을 전하지 못한 친구에게 편지를 쓰는 일부터 시작해도 좋다. 그리고 자신이 가장 깊은 관심을 갖는 분야에서의 연구 결과를 이야기로 쓰거나 논문으로 정리해 보는 것이 어떨까?

일자리가 있는 자는 누구나 기회가 있다.
Any man who has a job has a chance.
- E. 허버드

100

성공을 위한 다짐

　미국의 제20대 대통령 제임스 가필드는 일상생활을 함에 있어 다음과 같은 원칙을 세우고 실천하고자 노력했다. 그의 원칙은 오늘날의 여러분들이 마음에 담고 실천해도 좋을 만한 내용들이다.

① 게으르지 말고 수입 범위 내에서 생활하자.

② 약속은 적게 하고 진실을 말하자.

③ 좋은 친구를 사귀되 끝까지 사귀자.

④ 남을 나쁘게 말하지 말자.

⑤ 요행을 바라는 일은 게임이라도 피하자.

⑥ 맑은 정신을 흐리게 하는 음식은 피하자.

⑦ 비밀은 나의 것이나 남의 것이나 지키자.

⑧ 돈은 마지막 순간까지 빌리지 말자.

⑨ 행동에 책임지고 남의 탓으로 돌리지 말자.

⑩ 잠들기 전에 반성의 시간을 갖자.